Martin Schaad

»Dann geh doch rüber«

Martin Schaad

»Dann geh doch rüber«

Über die Mauer in den Osten

Ch. Links Verlag, Berlin

Die Namen der hier vorgestellten Mauerspringer wurden bis auf wenige Ausnahmen verändert. Originalgetreu wiedergegeben sind dagegen die Aufzeichnungen der Mitarbeiter des Ministeriums für Staatssicherheit, wobei offensichtliche Rechtschreibfehler stillschweigend korrigiert wurden.

Die Deutsche Nationalbibliothek verzeichnet diese Publikation in der Deutschen Nationalbibliografie; detaillierte bibliografische Daten sind im Internet über http://dnb.d-nb.de abrufbar.

1. Auflage, Juli 2009

Schönhauser Allee 36, 10435 Berlin, Tel.: (030) 44 02 32-0
Internet: www.christoph-links-verlag.de;
mail@christoph-links-verlag.de
Umschlaggestaltung: KahaneDesign, Berlin, unter Verwendung eines Fotos von der Räumung des Lenné-Dreiecks am 1. Juli 1988 (Umbruch-Bildarchiv, Berlin)
Lektorat: Magnus Enxing, Berlin
Satz: typegerecht, Berlin
Druck und Bindung: Druckerei Friedrich Pustet, Regensburg

ISBN 978-3-86153-516-4

Inhalt

Prolog 7
»Grenzverletzer WB–DDR« 13
Geld 27
Beistand 43
Heimweh 59
Liebe 73
Sehnsucht 93
Verwirrung 113
Republikflucht 139
Aggression 161
Zur Lage an der Staatsgrenze 187

Anmerkungen 191
Abbildungsnachweis 207
Danksagung 207
Zum Autor 208

Karolinenhöhe, Blick auf Postenturm »Klärbecken«, Spandau/Seeburg

Prolog

Am Freitagmorgen zur Sommersonnenwende 1974 ist es endlich geschafft: Wenige Minuten nach Mitternacht sitzt Kenny oben auf der Mauer. Von hier aus hat er klare Sicht über die Karolinenhöhe und die Rieselfelder südlich von Spandau. Die Gegend kennt er gut, denn seine Infanterieeinheit ist nur ungefähr drei Kilometer von hier stationiert. Die Betonrolle auf dem Mauerkamm hatte nur wenig Halt zum Hochklettern geboten, doch für einen gut trainierten 23-jährigen Soldaten wie Kenny ist das kein wirkliches Hindernis. Nur beim Absprung auf die Westseite der Mauer zieht er sich an dem rauen Beton ein paar kleine Schrammen zu. Die Landung dagegen ist weich, so weich, dass sich sein Fuß tief in das geharkte, sandige Erdreich eingräbt. Sicher unten angekommen, rennt Kenny in südwestlicher Richtung an der Mauer entlang.

Den Warnschuss hat er kaum gehört, da folgen schon mehrere kurze Salven aus zwei Maschinenpistolen. Mit der Kalaschnikow kann man auf diese Distanz aber höchstens Zufallstreffer landen; die Grenzsoldaten sind fast 500 Meter vor ihm im Beobachtungsturm »Klärbecken« postiert. Hätte Kenny mitgezählt, wäre er auf 58 Schüsse gekommen; den Warnschuss nicht mitgerechnet. Doch wer zählt schon in einer solchen Situation – nichts wie weg! Kenny entschließt sich, umzudrehen und in entgegengesetzter Richtung davonzurennen. Dabei verliert er die Mütze seiner Felduniform. Doch es bleibt keine Zeit, stehen zu bleiben. Weiter, nur weiter entlang der Mauer, nun in nordöstlicher Richtung. Spätestens jetzt muss er aber einsehen, dass er in der Falle sitzt. Denn auch aus dieser Richtung wird nun geschossen, und die Schützen sind nur noch etwa 280 Meter von ihm entfernt.

Kenny wird getroffen und geht zu Boden. Es dauert ganze zwölf Minuten, bis sich ein Unterfeldwebel der Grenztruppen der Stelle nähert, an der er liegen geblieben ist. Unter Schmerzen versucht Kenny, ihn anzusprechen, aber der Soldat will oder kann ihn nicht verstehen. Weitere fünf Minuten später kommen ein Major des Grenzregiments 34 und einige andere Soldaten hinzu. Sie bringen Kenny in die nahegelegene Kaserne an der Seeburger Chaussee. Hier wird vom Regimentsarzt erste medizinische Hilfe geleistet. Zwei Stunden nach dem »versuchten Grenzdurchbruch« liegt er im Armeelazarett Potsdam-Drewitz. Der behandelnde Arzt stellt fest, dass das Projektil an der Innenseite des linken Oberschenkels eingedrungen und kurz unter der Gesäßmuskulatur wieder ausgetreten ist. Dabei hat die Kugel den Knochen zertrümmert. »Schussbruch des Oberschenkelschaftes« lautet die Diagnose. Eine Operation ist notwendig, aber Kennys Zustand ist stabil.

Die Samstagsausgaben der West-Berliner Tageszeitungen bringen die Geschichte in großer Aufmachung, allerdings ohne genaue Erkenntnisse über die Verletzung, den Verbleib oder auch nur die Identität von Kenny liefern zu können. Während der *Tagesspiegel* etwas vorsichtig davon berichtet, es habe einen Schwerverletzten oder möglicherweise einen Toten gegeben, ist sich die *Bild*-Zeitung sicher: »Flüchtling um Mitternacht an der Mauer erschossen«. Die drei westalliierten Stadtkommandanten protestieren, und der Senatssprecher nennt den Vorfall einen erneuten Beweis dafür, »dass es den Verantwortlichen der DDR nicht auf Menschenleben ankommt, wenn es darum geht, den totalen Machtanspruch über die von ihnen Beherrschten durchzusetzen«. Der Vorsitzende der CDU-Fraktion im Abgeordnetenhaus, Heinrich Lummer, spricht von »tiefen Schatten«, die wieder einmal auf die innerdeutschen Beziehungen gefallen seien, und der CDU-Bundestagsabgeordnete Manfred Abelein wird mit dem Ausspruch zitiert, die Vorkommnisse an der Grenze seien ein »makabrer Salut an die Unmenschlichkeit« und jedes weitere Wort von Entspannung »eine zynische Verhöhnung der Gemordeten«.

Dass der Kommandeur der 5. Grenzkompanie des Grenzregiments »Hanno Günther« später mit der »Medaille für vorbildlichen Grenzdienst« ausgezeichnet wird, wissen die samstäglichen Zeitungsleser an ihren West-Berliner Frühstückstischen natürlich noch nicht. Aber auch ohne diese Information sind sie über den Vorfall sicher angemessen schockiert. Doch dazu besteht eigentlich wenig Veranlassung. Kenny befindet sich nämlich an diesem Samstagmorgen schon nicht mehr in Potsdam-Drewitz, sondern im Westteil der Stadt! Nach der Operation hatten die DDR-Behörden ihn bereits am Freitagabend an ein britisches Militärkrankenhaus überstellt. Was war passiert?

Natürlich kommt es immer darauf an, wie eine Geschichte erzählt wird. Eingeflochtene ebenso wie ausgelassene Details formen ein bestimmtes Bild, betonte oder auch beiläufige Wendungen runden es dann ab. Doch die Rezeption einer Geschichte hängt auch davon ab, wie sich dieses Bild in bereits existierende Vorstellungswelten des Lesers einfügt. Nach allem, was wir über das Grenzregime der DDR wissen, erscheint das Happyend für Kenny nicht nur unglaubwürdig, sondern als historische Erzählung geradezu apologetisch. Sollten die DDR-Behörden tatsächlich so freundlich mit einem Republikflüchtling umgegangen sein?

Doch die Geschichte von Kenny ist nicht erfunden, jedes noch so kleine Detail lässt sich dokumentieren – von seinem Laufweg über die Kratzspuren an der Mauer bis hin zur verlorenen Feldmütze.[1] Auch die Übergabe an das britische Militärkrankenhaus ist nachweisbar, aber selbst dieses Detail eignet sich nicht dazu, das Grenzregime zu verharmlosen. Es fehlt schließlich eine wichtige Information zum Verständnis dieser zunächst ungewöhnlich erscheinenden Maßnahme: Kenny war gar kein DDR-Flüchtling, sondern ein junger Gefreiter der »King's Own Scottish Borderers«, der von West-Berlin aus über die Mauer *in die DDR* geklettert war. Der Public-Relations-Offizier der britischen Truppen sagte später lakonisch, Kenny sei völlig betrunken gewesen und habe nur mal sehen wollen, »was auf der anderen Seite los ist«.

Wurden die Leser dieser Geschichte nun in die Irre geführt, oder haben sie schlicht nicht aufgepasst? Einige Details hätten stutzig machen können. Wenn auch noch nicht unbedingt der Name Kenny, bedenkt man, dass ostdeutsche Eltern ihren Kindern gern fremdländisch klingende Vornamen gegeben haben – vielleicht sogar als Ausdruck eines leisen Protestes gegen die Einschränkungen der Reisefreiheit. Der geharkte Sandboden, auf dem Kenny gelandet ist, hätte dagegen zumindest Kennern der Grenzanlage auffallen können. Auf West-Berliner Seite nahm man die Landschaftspflege um das verhasste Bauwerk sicher nicht so ernst. Wer auch dieses kleine Detail überlesen hat, hätte aber spätestens gegen Ende der Geschichte aufmerksam werden müssen. Zwar ist bekannt, dass DDR-Grenzsoldaten auch auf Menschen geschossen haben, die die Mauer bereits überklettert hatten. Doch ist es kaum vorstellbar, dass die Grenzer einen Verletzten auf West-Berliner Territorium bergen würden, um ihn dann in einem DDR-Armeekrankenhaus zu behandeln.

Warum diese Details wahrscheinlich von den meisten überlesen worden sind, kann an den Angaben zu den Himmelsrichtungen gelegen haben. Aber auch diese waren nicht etwa falsch: Wer – wie Kenny – in Spandau auf westlicher Seite von der Mauer heruntersprang, landete in der DDR. Der Leser mag diesem Missverständnis deshalb so leicht erlegen sein, weil in jeder historischen Erzählung über die Berliner Mauer die Himmelsrichtungen mit einer politischen und nicht mit einer geographischen Bedeutung belegt sind. Und das ist auch der Hauptgrund, warum Kennys Geschichte trotz aller inneren Widersprüche zunächst als die einer missglückten Flucht überzeugt. Über die Mauer flüchtet man nur in Richtung Freiheit; ein Mauersprung *in die DDR* ergibt einfach keinen Sinn. Oder etwa doch?

»Grenzverletzer WB – DDR«, Linden-, Ecke Zimmerstraße, Kreuzberg/Mitte, 1975

»Grenzverletzer WB – DDR«

Wäre es ein kurioser Einzelfall gewesen, der sich da in der Nacht vom 21. Juni 1974 an der Karolinenhöhe abgespielt hat, dann ließe sich diese Darstellung von Kennys Geschichte vielleicht als ein allzu frivoles Spiel mit den Erwartungshaltungen der Leser abtun. Schlimmstenfalls könnte sie als völlig unzulässige Herabwürdigung jener 98 DDR-Bürger verstanden werden, die bei der Flucht über die Mauer erschossen worden sind.[1] Kenny war jedoch kein Einzelfall.

In den 28 Jahren, in denen die Stadt Berlin in zwei Hälften geteilt war, sind mehr als 400 Menschen von West nach Ost über die Mauer geklettert.[2] Nicht für jeden von ihnen fand die Geschichte ein so glückliches Ende wie für Kenny. In sieben Fällen hatte die rücksichtslose Schusswaffenanwendung der Grenzsoldaten den Tod des Mauerspringers zur Folge.[3] Die im DDR-Jargon als »Grenzverletzer WB–DDR« bezeichneten Männer wurden erschossen, als sie von West-Berlin aus die »pioniertechnische Anlage« (PTA) überwinden wollten. Wie man im Fall des jungen britischen Soldaten bereits erahnen konnte, war es also auch lebensgefährlich, in dieser Richtung über die Mauer zu klettern.

Gleichzeitig war es aber denkbar einfach. Bevor ein DDR-Flüchtling die Westsektoren Berlins erreichte, musste er die Hinterlandmauer überwinden, den elektrifizierten Grenzsignalzaun hinter sich bringen, gegebenenfalls eine Hundelaufanlage umgehen, diversen versteckten Signaldrähten ausweichen, den hell beleuchteten Kolonnenweg überqueren, durch den Kontrollstreifen rennen, den davor befindlichen Kfz-Sperrgraben überspringen und schließlich noch über die Mauer klettern. Erst wenn er von dort hinuntergesprungen war (und oft sogar erst, nachdem er noch einige Meter »vorgelagertes Territorium der DDR« durchquert hatte), war er auf dem Gebiet West-Berlins angekommen.[4]

In entgegengesetzter Richtung war es viel einfacher, über die Mauer zu springen. Das lag vor allem daran, dass von dort die Grenzanlage nahezu unbewacht war. Zwar hatten die Westalliierten einige Beobachtungsposten eingerichtet, und gelegentlich patrouillierten Soldaten entlang den Sektorengrenzen, doch deren Aufmerksamkeit galt in erster Linie der Gegenseite und nicht etwa möglichen Mauerspringern »von hinten«. Auch der West-Berliner Senat sah keine Veranlassung, entlang der Mauer Polizisten zu postieren. Ganz im Gegenteil: Eine Bewachung war undenkbar, denn damit hätte man der völkerrechtswidrigen Demarkationslinie eine Art Anerkennung verliehen. Wer von West-Berlin aus in den Osten klettern wollte und nicht so durchtrainiert war wie Kenny, der konnte in aller Ruhe eine Leiter anlehnen, ein parkendes Auto besteigen, das Dach einer Gartenlaube erklimmen oder auch eines der vielen Besucherpodeste nutzen, um auf die Mauer zu gelangen. Dies getan, befand sich der Mauerspringer bereits in der DDR. Gleichzeitig war er aber auch sofort im Blick- und Schussfeld ihrer Grenzsoldaten, wie Kenny schmerzvoll hat erfahren müssen.

Ein Sprung über die Mauer in den Osten war also gefährlich, aber leicht getan. Allerdings erscheint er völlig unsinnig – spätestens nach der 1971 geschlossenen Vereinbarung über den Reise- und Besucherverkehr. Diese sah vor, dass Einwohner West-Berlins in speziell dafür eingerichteten Besucherbüros Berechtigungsscheine für einen Tagesaufenthalt beantragen konnten. Mit einem solchen Schein durfte man ganz regulär über bestimmte Grenzübergangsstellen in den Osten der Stadt einreisen.[5] Um sehen zu können, »was auf der anderen Seite los ist«, hätte sogar Kenny als britischer Militärangehöriger einfach nur den Checkpoint Charlie passieren müssen.

Waren die »Grenzverletzer WB–DDR« also naiv und leichtsinnig? In zahlreichen Fällen liegt man mit solch einer Vermutung durchaus nicht falsch. So etwa bei dem Jugendlichen, der im September 1974 am Lohmühlenplatz unbedingt von Neukölln nach Treptow wollte.

> *»[Er] erkletterte auf Westberliner Territorium ein Podest, stieg auf die alte Grenzmauer, überwand diese, ebenfalls auch die neue Mauer, von welcher er heruntersprang, überstieg die Drahtsperre zwischen den Panzerhöckern und lief auf den Kolonnenweg. Hier brach er ohne äußere Einwirkungen zusammen.«* [6]

Gemeinsam mit zwei Freunden hatte der fünfzehnjährige Schüler der Neuköllner Rütli-Oberschule vier Liter Rotwein getrunken. Er selbst konnte sich später an den Vorfall gar nicht erinnern. Genauso getrübt war das Erinnerungsvermögen eines anderen jungen Mannes, der in einer Sommernacht des Jahres 1977 seine bestandene Führerscheinprüfung gefeiert hatte, bevor er sich dann am frühen Morgen mit 3,2 Promille Alkohol im Blut am Brandenburger Tor auf die Mauer legte.[7] Nach Aufforderung der Grenzsoldaten ist er schließlich in den Osten geklettert. Unterstützt von ähnlich hohen Blutäthanolwerten, sollten in anderen Fällen Herrentagswetten gewonnen, Freundinnen beeindruckt oder Mutproben unter Jugendlichen bestanden werden.[8] Man könnte meinen, es sei allenthalben bierseliger Übermut gewesen, der 400 Menschen über die Mauer in den Osten hat klettern lassen.

Und doch gab es Mauerspringer, bei denen Alkoholkonsum gar keine Rolle spielte. Zwei solcher Fälle sind durch literarische Werke bekannt geworden, und überraschenderweise haben wir das sowohl einem ostdeutschen wie auch einem westdeutschen Autor zu verdanken.[9]

In *Mein Richard* erzählte Stefan Heym 1974 die Geschichte des Ost-Berliner Jugendlichen Richard Zunk, der mit seinem Freund und Namensvetter Richard Edelweiß über die Mauer geklettert war, um im Westen ins Kino zu gehen. Nach der Vorstellung wollten die beiden zurück nach Hause. Einen Grenzübergang konnten sie hierfür natürlich nicht benutzen, denn sonst hätten die Behörden diese Freizeitbeschäftigung sofort unterbunden. Also kletterten sie erneut über die Mauer – diesmal in Richtung Osten. Mit dem doppelten Mauersprung blieb ihr Ausflug erst einmal unentdeckt, und so sollten die jugendlichen Cineasten auf gleichem Weg noch weitere dreizehn Mal den Westteil der Stadt besuchen. Vorbei war es mit diesen ungewöhnlichen Ausflügen erst, nachdem einem West-Berliner Journalisten die Geschichte zu Ohren gekommen war und dieser die beiden am Kinoausgang abgefangen hatte, um sie bei Currywurst und Cola auszufragen. Durch den Zeitungsartikel bekamen dann auch die Ost-Berliner Behörden Wind von der Sache, und den beiden Richards wurde der Prozess gemacht. Während der eine zur Armee eingezogen wurde, musste der andere in den Jugendwerkhof – eine Kombination aus Umerziehungsanstalt und Arbeitslager. Nach der Urteilsverkündung bemerkte der Verteidiger feinsinnig, er habe für die beiden Jugendlichen statt einer Strafe doch eher einen Orden beantragt, weil sie, »wie jetzt gerichtsnotorisch, vierzehnmal hintereinander ihre absolute Treue zu unserer Republik unter Beweis gestellt haben«.

In der DDR durfte Heyms Erzählung natürlich nicht erscheinen – da hatten die Zensoren der Hauptverwaltung »Verlage und Buchhandel« im Ministerium für Kultur das letzte Wort. Und denen stieß ganz besonders die Schlussbemerkung des Verteidigers auf, denn es konnte ja nicht angehen, dass »eine durchlässige Staatsgrenze [als] der beste Prüfstein für wirkliche oder erzwungene Treue zum Sozialismus« dargestellt wurde.

Im Westen wurde die Erzählung aber sehr wohl veröffentlicht, und einige Jahre später griff Peter Schneider die Geschichte der beiden Richards in seinem Buch *Der Mauerspringer* wieder auf. Als eine unter mehreren Episoden dieser essayistischen Dokumentation über »Grenzgänger zwischen den beiden deutschen Staaten« waren es nun zwei Willis, die ins Kino wollten. Zu ihnen gesellte sich Lutz, der dann auch gleich im Westen blieb und wegen seiner Vorliebe für Western-Filme dort den Beruf des Försters annahm. Auch wenn Peter Schneiders Version der Kinogänger in vielen Details mit der von *Mein Richard* übereinstimmt – von »Currywurst und Cola« bis hin zum »Treuebeweis« der stetigen Rückkehr –, hat der West-Berliner Schriftsteller die Geschichte nicht abgeschrieben, sondern lediglich den gleichen Fall wiedergegeben.

Der im Singular gehaltene Titel von Peter Schneiders Buch bezieht sich jedoch auf eine ganz andere Episode, der ebenfalls ein authentischer Fall zugrunde liegt. *Der Mauerspringer* schlechthin war Arnold Kabe, ein arbeitsloser Sozialhilfeempfänger aus Kreuzberg. Der Mittvierziger »fiel zum ersten Mal polizeilich auf, als er, von Westen Anlauf nehmend, die Mauer mitten in Berlin in östlicher Richtung übersprang«. Ohne erkennbares Motiv kletterte Kabe im Lauf der folgenden Jahre nicht weniger als fünfzehn Mal über die Mauer – fast immer an der gleichen Stelle. Auf der anderen Seite angekommen, ließ er sich ohne Widerstand festnehmen, aber auf die Frage, warum er herübergekommen war, konnte Arnold Kabe keine wirkliche Antwort geben. Jedenfalls keine, die den Soldaten der Grenztruppen eingeleuchtet hätte: »Wenn es so still in der Wohnung ist und draußen so grau und so neblig und gar nichts ist los, da denke ich: Ach springste wieder mal über die Mauer.« Die Hintergründe blieben also im Berliner Nebel, doch darum ging es dem Autor auch gar nicht. Viel interessanter war das Schlaglicht, das vom ungewöhnlichen Schicksal des Kreuzbergers auf die völkerrechtlichen Spitzfindigkeiten der Teilung Berlins fiel.

Die DDR-Behörden ließen Herrn Kabe mehrfach in die Psychiatrie einweisen. Bei jeder seiner Rückführungen in den Westen legten sie ihren dortigen Ansprechpartnern nahe, ihn von weiteren Mauersprüngen durch eine ebensolche Zwangseinweisung abzuhalten, um Schlimmeres zu verhindern – unverblümt: bevor Schüsse fallen. Doch die West-Berliner Ärzte konnten keine geistige Verwirrung diagnostizieren, die eine Verwahrung gerechtfertigt hätte. Auch die West-Berliner Strafverfolgungsbehörden wollten nichts tun, um die ständigen Mauersprünge des Herrn Kabe zu verhindern. Denn er hatte nichts Gesetzwidriges getan. Er hatte lediglich von dem Recht auf Freizügigkeit Gebrauch gemacht, das jedem deutschen Staatsbürger zustand. Der behandelnde Psychiater im West-Berliner Klinikum Havelhöhe schlug deshalb vor, man solle doch die Mauer als Staatsgrenze deutlich kennzeichnen. Für den Senat und die Westalliierten war dies natürlich völlig undenkbar; im völkerrechtlichen Verständnis gab es diese Grenze ja nicht einmal. Arnold Kabe wurde zu einer ernsthaften Belastung der innerdeutschen Beziehungen, auch weil die ostdeutschen Behörden es nicht bei ständigen Protesten beließen, sondern begannen, dem West-Berliner Senat horrende ärztliche Behandlungskosten in Rechung zu stellen.

Beide Autoren – erst Stefan Heym und später Peter Schneider – haben mit ihren Mauerspringergeschichten faszinierende Miniaturen vorgelegt. Die Charaktere werden nur skizziert, die Beweggründe nur angerissen oder gar nicht näher ausgeführt. Die Mauerspringer tun einfach, was sie tun: Sie springen. Die Frage, warum sie das tun, ist in den Erzählungen gar nicht das Entscheidende; es ist die Aktion selbst, die zählt. Nur für sich und auch nur für den Moment leugneten die Protagonisten mit ihrem Sprung die Existenz der Mauer und gewährten so einen kurzen Blick über die gegebenen Verhältnisse hinaus in das Reich des Möglichen. »Was wäre, wenn es die Mauer nicht mehr gäbe?«, mussten sich die damaligen Leser unweigerlich fragen. Mit diesem hypothetischen Gedankenspiel wurde der jeweilige politische Standpunkt der Autoren deutlich. Bei Stefan Heym war es die Überzeugung, dass die immerfort behauptete Überlegenheit des Sozialismus erst dann Wirklichkeit werden könne, wenn die Staats- und Parteiführung es nicht mehr für nötig hielte, die eigene Bevölkerung einzumauern. Für Peter Schneider war es die eher ernüchternde, fast ärgerliche Erkenntnis, dass für die meisten Westdeutschen schon in den achtziger Jahren die deutsche Teilung zur unhinterfragten Normalität geworden war, und dass es Menschen wie Arnold Kabe brauchte, um die monströse Absurdität der Mauer immer wieder in Erinnerung zu rufen.

Mit dem Fall der Berliner Mauer am 9. November 1989 wurde aus dem hypothetischen Gedankenspiel, was denn ohne eine »befestigte Staatsgrenze« geschehen würde, plötzlich eine ganz konkrete Frage der politischen Entwicklung. Und nur kurze Zeit darauf war sie auch schon beantwortet. Ohne Mauer brach die DDR binnen weniger Monate zusammen. Die Zensoren der DDR hatten das gewissermaßen schon vorweggenommen, als sie die Veröffentlichung von Stefan Heyms *Mein Richard* verboten. Man würde den Zensoren allerdings zu viel Weitsicht unterstellen, wenn man in ihrem Verdikt von 1974 bereits eine Vorahnung der Ereignisse von 1989 vermuten würde. Ihnen ging es vielmehr darum, auf einem dogmatischen Verständnis der Staatsgrenze zu beharren. Gewiss wollte Stefan Heym mit der vierzehnfachen Rückkehr der beiden Richards die Reformfähigkeit des sozialistischen Systems andeuten. Doch mit seinem zaghaften Plädoyer für mehr Reisefreiheit hatte der Autor gleichzeitig der offiziellen Begründung für die »Befestigung der Staatsgrenze« widersprochen; der Notwendigkeit, mit einem »antifaschistischem Schutzwall« das gewaltsame Eindringen der Feinde des Sozialismus zu verhindern.

Hätte sich die DDR-Zensur auch mit der Erzählung von Peter Schneider befassen müssen, dann wäre sie hier auf einen ganz anderen »Prüfstein« gestoßen. Denn anders als die beiden Kinogänger stellte der Mauerspringer Arnold Kabe die Notwendigkeit des »antifaschistischen Schutzwalls« nicht etwa in Frage, sondern schien sie zu bestätigen. Nicht weniger als fünfzehn Mal testete er aber auch dessen Wirksamkeit. Eine Veröffentlichung der Erzählung in der DDR kam natürlich nicht in Betracht. Doch ignorieren konnte man vergleichbare reale Fälle wie den von Arnold Kabe deshalb noch lange nicht. Nicht die Zensur, sondern die Politik musste sich damit beschäftigen. Denn dies war nicht nur ein literarischer Testfall, sondern ein insgesamt 400-facher Ernstfall. Wie reagierte die DDR-Führung, wenn sich die eigene Propaganda plötzlich bewahrheitete? Was wollte und was konnte man unternehmen, wenn die Feinde tatsächlich über die Mauer geklettert kamen? Funktionierte der »antifaschistische Schutzwall« überhaupt?

Dass man in Ost-Berlin die Mauerspringer durchaus als ernstes Problem betrachtete, lässt sich unschwer daran erkennen, dass den Grenztruppen detaillierte Dienstanweisungen vorlagen, wie mit »Grenzverletzern WB–DDR« zu verfahren war. Vom Gebrauch der Schusswaffe war dabei nicht die Rede, sondern nur von der sofortigen Festnahme. Die Grenztruppen und auch die Volkspolizei im Hinterland waren angewiesen, die festgenommenen Mauerspringer dann unverzüglich dem Ministerium für Staatssicherheit zu übergeben. Allein zuständig war dort die Hauptabteilung IX, das Untersuchungsorgan der Staatssicherheit. Nach Klärung der Hintergründe wurde hier entschieden, ob ein offizielles Ermittlungsverfahren einzuleiten war. Geregelt war diese Vorgehensweise in der »Gemeinsamen Anweisung des Generalstaatsanwalts der DDR und des Ministers des Innern und Chefs der Volkspolizei über die Bekämpfung von Angriffen gegen die Staatsgrenze der DDR«.[10] In dem 19-seitigen Papier war zwar vor allem von »Angriffen« durch DDR-Bürger die Rede, also davon, wie mit Fluchtversuchen umzugehen war. Da jedoch der Straftatbestand offiziell gar nicht

Republikflucht, sondern »Ungesetzlicher Grenzübertritt« lautete, war der einschlägige Paragraph (§ 213 StGB der DDR) in beide Richtungen anwendbar. So enthielt die Dienstanweisung auch längere Ausführungen zu den »Grenzdurchbrüchen BRD bzw. WB–DDR«. Ein Ermittlungsverfahren sollte in solchen Fällen insbesondere dann eingeleitet werden,

> *»wenn*
> - *die Handlung eine Mißachtung der Souveränität der DDR ist,*
> - *das Betreten des Staatsgebietes der DDR im Zusammenwirken mit dem Bundesgrenzschutz, westlichen Polizeidienststellen oder mit Organisationen, Einrichtungen und Personen, die einen Kampf gegen die DDR führen, erfolgte,*
> - *Gegenstände wie Waffen, Aufzeichnungen über den Grenzverlauf oder andere Schriftstücke mitgeführt wurden, aus denen zu schließen ist, daß die Person Verbindung zu feindlichen Organisationen, Einrichtungen oder Personen unterhält,*
> - *keine Personaldokumente vorliegen oder der Verdacht ihrer Fälschung besteht,*
> - *unmittelbar nach dem Grenzübertritt keine Meldung bei den zuständigen Organen erfolgte und die Festnahme erst im Hinterland vorgenommen wurde,*
> - *das Überschreiten der Staatsgrenze aus demonstrativen Gründen erfolgte (Abschluß von Wetten, Mutproben u. ä.)«.*

Während die ministeriumsübergreifende Dienstanweisung die Einleitung eines Ermittlungsverfahrens also als Regel festlegte und die Rückführung nur für Ausnahmefälle (insbesondere für Kinder und Jugendliche) vorsah, geht aus internen Bearbeitungsvorschriften des Ministeriums für Staatssicherheit hervor, dass die Hauptabteilung IX im Vollzug der Anweisung weniger hart vorgehen wollte:[11]

»Bei Grenzverletzungen unter Alkoholeinwirkung, aus Konfliktsituationen heraus, in Unkenntnis über den Verlauf der Staatsgrenze, mit bedingtem Vorsatz oder unbeabsichtigtem Verletzen der Staatsgrenze erfolgt in der Regel *die kurzfristige Rückführung der Grenzverletzer über die nächstgelegene Grenzübergangsstelle. Ausgenommen davon sind organisierte Grenzprovokationen.«*

Allerdings sollten in jedem Fall die Umstände genau geprüft werden, und das wollte die Staatssicherheit nicht den Grenztruppen oder gar der Volkspolizei überlassen. Dafür richtete das Ministerium einen eigenen Bereitschaftsdienst ein (sogar für die Nachtstunden), der sogleich alle erkennungsdienstlichen Details aufnehmen sollte: Fingerabdrücke, ein Foto (»nach Möglichkeit Ganzphotographie«) und Kopien der mitgeführten Dokumente und Ausweispapiere.

Durch ausführliche Befragungen wollte man dann das Motiv herausarbeiten, der Grenzverletzer selbst sollte eine »persönliche Niederschrift« über die Vorgeschichte verfassen und dabei »wenn gegeben und möglich einarbeiten, daß die Staatsgrenze bewusst verletzt wurde«. Detaillierte Bearbeitungshinweise regelten die Fälle, in denen eine sofortige Befragung nicht möglich war. Alkoholisierten Personen sollte zunächst eine Blutprobe entnommen werden, verletzte Personen waren unter Angabe des Kennworts »Wassermann« in das Krankenhaus der Volkspolizei einzuliefern, aus den Grenzgewässern geborgene Personen sollten erst einmal trockene Kleidung erhalten, und geistig verwirrte Grenzverletzer sollten der psychologischen Abteilung des Krankenhauses Berlin-Buch zur Erstellung eines Gutachtens zugeführt werden. Doch auch in all diesen Fällen bestand die Staatssicherheit auf ihrem exklusiven Zugriff auf die Grenzverletzer. So durfte im Krankenhaus zum Beispiel nur »politisch-operativ zuverlässiges medizinisches Personal« die Betreuung übernehmen, und MfS-Mitarbeiter »sicherten« die

Festgenommenen in ihren Krankenzimmern, »um Suicid- und Fluchtversuche sowie Kontaktaufnahmen auszuschließen. [...] Kräfte der Volkspolizei können nicht in die Sicherung einbezogen werden.«

Den anderen Sicherheitsorganen traute man einfach nicht. Mit der alleinigen Zuständigkeit, den Vorbereitungsmaßnahmen und den Bearbeitungshinweisen wollte das Ministerium für Staatssicherheit vor allem gewährleisten, dass von westlicher Seite später keine Vorwürfe erhoben werden konnten. Die »gegnerischen Reaktionen über Funk und in Medien« sollten beobachtet werden, denn das internationale Ansehen der DDR ließe sich allzu leicht durch entsprechende »Hetze« beschädigen. Die große Aufmerksamkeit, mit der sich die Staatssicherheit um die »Grenzverletzer WB–DDR« kümmerte, hatte aber nicht nur defensiven Charakter: »Wenn Grenzdurchbrüche aus Berlin (West) in die DDR-Hauptstadt erfolgen so ist zu prüfen, ob der Vorgang dazu ausreicht, um offiziell zu protestieren«, hatte der Leiter der Hauptabteilung IX verfügt.

Sollte die Befragung der Mauerspringer ergeben, dass tatsächlich eine organisierte Provokation, eine »Demonstrativhandlung« oder eine »Missachtung der Souveränität der DDR« vorlag, dann bestimmte das Ministerium für Staatssicherheit auch das weitere Verfahren. So durfte auch die Staatsanwaltschaft keine eigenen Ermittlungen durchführen, sondern musste solche wiederum der Hauptabteilung IX überlassen. Sie war als offizielles Untersuchungsorgan für Zwischenfälle an der Staatsgrenze zuständig. Auch die Gerichtsverhandlung blieb weitgehend unter Kontrolle des Ministeriums, das vorab festlegte, ob das Gericht eine Freiheitsstrafe oder eine Bewährungsstrafe zu verhängen hatte, und auch, ob die Presse darüber berichten sollte.[12] Selbst nach einer Verurteilung gab die Staatssicherheit die Fäden nicht aus der Hand. Die vorzeitige Entlassung eines Mauerspringers wegen guter Führung kam nur dann in Betracht, wenn der Minister für Staatssicherheit, Erich Mielke, eigenhändig ein entsprechendes »Beurteilungsblatt« mit seiner Unterschrift bestätigt hatte.

Gewiss, ein »widerrechtliches Eindringen in das Staatsgebiet« wird in den meisten Ländern der Welt strafrechtlich verfolgt. Doch die außerordentliche Machtstellung des Ministeriums für Staatssicherheit im Umgang mit den Mauerspringern macht deutlich, dass es hier um weit wichtigere Dinge ging als um das legitime Recht eines jeden Staates, darüber zu entscheiden, wem die Einreise zu gestatten ist und wem nicht. Wie bei Fluchtversuchen in entgegengesetzter Richtung ging es auch bei den Mauerspringern nicht um die Anwendung rechtsstaatlicher Grundsätze, sondern um politische Festlegungen. Und die lassen sich aus Dienstanweisungen und Bearbeitungsvorschriften nur schwer herauslesen; deutlich werden sie erst in der praktischen Anwendung.

Wann also wurde ein Mauersprung als »Missachtung der Souveränität der DDR« betrachtet? In welchen Fällen vermuteten die Mitarbeiter der Staatssicherheit eine von feindlichen Einrichtungen oder Personen »organisierte Grenzprovokation«? Was galt als »Demonstrativhandlung«? Wann und inwieweit wurden die Mauerspringer als Bedrohung empfunden und als Beleg für die Notwenigkeit des »antifaschistischen Schutzwalls« ge- oder auch verwertet? Kamen ihre Straftaten in dieser Hinsicht nicht sogar propagandistisch gelegen? Wurden die Ermittlungen unvoreingenommen oder mit klaren Zielvorgaben geführt? Machte es einen Unterschied, aus welchen Gründen der Mauerspringer diesen besonderen Weg der Einreise in die Hauptstadt der DDR gewählt hatte? Was wurde als mildernder Umstand oder bedingter Vorsatz gewertet, und was hatte strafverschärfende Folgen? Und spielte bei alledem die Herkunft des »Grenzverletzers« eine Rolle, ob er also wie Richard Zunk ursprünglich aus der DDR oder wie Arnold Kabe aus dem Westen kam?

Auf diese Fragen geben die nachfolgenden Kapitel eine Antwort. Und bei aller Vielfalt der jeweiligen Umstände machen die Fälle zusammengenommen deutlich, dass die Mauerspringer für das Ministerium für Staatssicherheit eine weit größere Bedeutung hatten, als man gemeinhin vermuten könnte. Natürlich bleibt unbestritten, dass die Berliner Mauer eine menschenverachtende Grenzanlage war, deren einziger Zweck darin bestand, die eigene Bevölkerung gewaltsam am Verlassen des Landes zu hindern. Damit war die Mauer eine Existenzbedingung der DDR, und der Befund des Historikers Stefan Wolle trifft uneingeschränkt zu: Die DDR war kein Staat mit einer Grenze, sondern eine Grenze mit einem Staat.[13] Am Beispiel der Mauerspringer wird jedoch erkennbar, wie das Ministerium für Staatssicherheit jahrelang versuchte, das Gegenteil zu beweisen. Doch trotz der Obsession, mit der die »Lage an der Staatsgrenze« betrachtet wurde, war dieser Versuch am Ende vergeblich. Wie das letzte Fallbeispiel zeigen wird, glaubte 1989 selbst die Staatssicherheit nicht mehr daran, dass die Souveränität der DDR gegen »Grenzverletzer WB–DDR« verteidigt werden musste. Von einem Schutzwall war da keine Rede mehr.

Die Geschichten der Mauerspringer tragen somit zu einem umfassenden organisatorischen Psychogramm des Ministeriums für Staatssicherheit bei. Wie man hier mit »Grenzverletzern WB–DDR« umgegangen ist, fügt sich über einen längeren Zeitraum hinweg zu einem erhellenden Porträt der Berliner Mauer als einem zentralen, letztendlich aber wackligen Baustein im staatlichen Selbstverständnis der DDR. Doch diese Geschichten machen auch etwas ganz anderes deutlich: Jede einzelne widerlegt den Eindruck, es sei unsinnig gewesen, über die Mauer in den Osten klettern zu wollen. Und längst nicht alle »Grenzverletzer WB–DDR« wollten wie Kenny nur mal eben sehen, »was auf der anderen Seite los ist«. Für einen Mauersprung gab es viele, völlig verständliche Gründe: Geld, Beistand, Heimweh, Liebe, Sehnsucht, Verwirrung, Republikflucht und schiere Aggression.

Bouchéstraße, Neukölln/Treptow

Geld

Den Abend des 23. Januar 1970 verbrachten die drei jungen Männer im »Elseneck«, einer Gaststätte direkt an der Mauer, gerade eben noch in Neukölln.[1] Am Kneipentisch reifte der Entschluss, noch in dieser Nacht rüber in den Osten zu klettern. Gemeinsam wollten sie es wagen, doch ihre Motive waren ganz unterschiedlich. Der eine hatte hohe Schulden, der andere wollte sich etwas beweisen, der Dritte hatte schon öfter mal daran gedacht, sich in der DDR niederzulassen. Aber es war nicht etwa so, dass sie sich diese Beweggründe gegenseitig eingestanden hätten. Stattdessen schwelgten sie bei Bier und Schnaps fast wehmütig davon, wie schön doch die Kindheit vor dem Mauerbau gewesen war. Von Ausflügen in den nahegelegenen Treptower Park und von Sommerabenden an der Rummelsburger Bucht war dabei die Rede. Da sollte man doch wieder hindürfen, oder etwa nicht? So schaukelten sie sich gegenseitig hoch und tranken sich Mut an.

Wer von ihnen den gemeinsamen Mauersprung vorgeschlagen hatte, daran konnte sich hinterher keiner mehr erinnern. Wie waren sie überhaupt auf das Thema gekommen? Vielleicht hat es an der Kneipe gelegen. Das »Elseneck« lag nicht nur tagsüber im Schatten der Mauer, auch in den Geschichten, die dort nachts erzählt wurden, war sie allgegenwärtig. Kurz nach dem Mauerbau hatte der damalige Wirt versucht, von hier aus einen Fluchttunnel zu graben. Und in das »Elseneck« war sieben Jahre zuvor auch der schwerverletzte NVA-Soldat Wolfgang

Engels gebracht worden – nach seinem legendären Versuch, mit einem Schützenpanzer einfach durchzubrechen. Damals hatte man sogar darüber nachgedacht, dem »Elseneck« einen neuen Namen zu geben. Aber die Senatsbehörden waren schließlich gegen eine Gaststätte gewesen, die »Zum Panzerfahrer« hätte heißen sollen.[2]

Eine geschichtsträchtige Kneipe also, aus der die jungen Männer um kurz nach zwei Uhr morgens heraustorkelten, um ihren Plan genau dort in der Elsenstraße in die Tat umzusetzen. Aber dann meinte Dieter Albrecht plötzlich, er schaffe das nicht. Die Mauer sei einfach zu hoch für ihn. Mit seinen 24 Jahren war er zwar der Jüngste, aber auch der Kleinste unter den dreien. Man diskutierte und entschied sich dann für die Wildenbruchstraße. Dort ließ sich die Mauer leichter erklimmen. Zuerst halfen sie Benno Linke auf den Mauerkamm. Mit vereinten Kräften – Benno zog von oben und Eckhard Berger machte unten die Räuberleiter – schafften sie dann den kleinen Dieter hoch. Eckhard war nun ganz auf sich gestellt und musste versuchen, allein hochzuklettern. Aber er fand keinen Halt am Mauerwerk. Wie er es auch anstellte, es gelang ihm einfach nicht. Etwas später musste Eckhard von einem Aussichtspodest aus tatenlos mit ansehen, wie seine beiden Kumpels durch den Kontrollstreifen rannten. Dann fielen die Schüsse, und Dieter ging zu Boden. Benno versuchte noch, ihn auf seinem Rücken weiterzutragen, aber dann wurden sie schon von den Grenzern gestellt und schnell abgeführt. Deprimiert wollte Eckhard noch irgendwo ein Glas Bier trinken, aber da war die Polizei schon vor Ort. Von den Schüssen alarmiert, waren die Beamten in die Wildenbruchstraße geeilt. Sie nahmen ihn mit auf das Revier 215 in der Sonnenallee und wollten wissen, was vorgefallen war und wer die beiden gewesen seien. Bei der Vernehmung war auch ein amerikanischer Militärpolizist anwesend, der sich allerdings nicht einmischte.

Am übernächsten Tag berichtete die *Bild*-Zeitung unter der

Schlagzeile »Für ein Paar Kästen Bier« über den Vorfall.[3] Im Alkoholrausch hätten die Männer gewettet, dass sie unbemerkt über die Mauer und wieder zurück kämen. Die unsinnige »Mutprobe« sei dann aber gehörig schiefgegangen, und nun mache sich der in West-Berlin verbliebene Eckhard Berger große Sorgen und Vorwürfe. Auch andere Zeitungen brachten kurze Notizen zu dem nächtlichen Vorfall an der Mauer, aber nur die *Bild* konnte mit Fotos aufwarten: eines von Eckhard und ein weiteres von der Stelle, an der die beiden anderen über die Mauer geklettert waren. Der Fotoreporter muss recht schnell dort gewesen sein, denn die Grenztruppen waren noch nicht dazu gekommen, den Sandboden wieder glatt zu harken: Die Fußspuren von Benno und Dieter waren noch zu erkennen.

Nur eine Woche später wurde in Neukölln schon wieder ein Mauerspringer von den DDR-Grenzern festgenommen,[4] diesmal in der Bouchéstraße, nur zwei Ecken von der Elsenstraße entfernt. Um kurz nach 22 Uhr war der Mann von einem Aussichtspodest aus über die Mauer gesprungen und hatte sich nach dem Warnschuss mit erhobenen Händen den Grenzern ergeben. Er sagte, er wolle sich nur nach dem Wohlbefinden seiner beiden Freunde erkundigen. Na also! Im zweiten Anlauf hatte Eckhard Berger es dann doch noch geschafft. Nach dieser Kraftanstrengung war er nun aber völlig fertig. Mit 2,1 Promille im Blut konnte er kaum noch laufen, vom Postenturm bis zum Volkspolizeirevier mussten sie ihn sogar tragen. Dort wurde er zunächst von einem MfS-Verbindungsoffizier »informell« befragt, also von einem jener Staatssicherheitsleute der Hauptabteilung I, die die Grenztruppen »abzusichern« hatten. Der muss wohl hart mit ihm umgesprungen sein, denn nach der anschließenden Blutuntersuchung im Krankenhaus der Volkspolizei versuchte Eckhard, sich mit seinem Unterhemd in der Zelle zu erhängen.

Nur eine Dreiviertelstunde nach dem Selbstmordversuch begann das richtige Verhör.[5] Das übernahmen nun Mitarbeiter der Hauptabteilung IX, dem offiziellen Untersuchungsorgan der Staatssicherheit. Sechs Stunden waren nun seit dem Mauersprung vergangen, und Eckhard Berger war vielleicht noch nicht ganz ausgenüchtert, zumindest aber doch vernehmungsfähig. Von 4.15 Uhr bis um 10 Uhr morgens versuchten die Ermittler hartnäckig, mehr über das Motiv seines ungesetzlichen Grenzdurchbruchs zu erfahren. Eckhard wiederholte, was er bereits bei der informellen Befragung ausgesagt hatte: Nach dem Mauersprung der beiden anderen hätte seine Mutter immer und immer wieder mit ihm geschimpft. Auch sei Bennos Vater zu ihm nach Hause gekommen und habe ihm schwere Vorwürfe gemacht, dass er dem Jugendfreund und Arbeitskollegen diese »Schnapsidee« nicht ausgeredet hatte. Nachdem er wieder einmal zu viel getrunken hatte, habe er es dann nicht länger ausgehalten. Er habe einfach wissen müssen, wie es den beiden anderen ergangen sei. Er habe niemandem von seinem Vorhaben erzählt und sei auch nicht beauftragt worden. Die Vernehmer glaubten ihm nicht:

> *»Frage: Ihre Aussagen über die Gründe Ihres ungesetzlichen Eindringens in das Staatsgebiet der DDR sind unglaubwürdig! Machen Sie darüber wahrheitsgemäße Aussagen!*
>
> *Antwort: Andere Gründe, als ich bisher angab, hatte ich für meinen Grenzdurchbruch nicht.«*

Dieses Frage- und Antwortschema findet sich wortgleich auch in den Vernehmungsprotokollen zahlreicher anderer Mauerspringer. Man kann nur spekulieren, wie viel bedrohliche Härte sich in jedem Einzelfall hinter dieser Standardformulierung tatsächlich verborgen hat. Da das Protokoll der sechsstündigen Vernehmung von Eckhard Berger aber nur insgesamt zehn Schreibmaschinenseiten umfasst, kann man zumindest davon ausgehen, dass mehr Worte gefallen sind und womöglich noch mehr geschehen ist.

Am Nachmittag um 14 Uhr wurde das Verhör wieder aufgenommen, und nun wich Eckhard von seiner ersten Schilderung ab.[6] Zwar sei Bennos Vater nach dem Mauersprung der beiden anderen tatsächlich zu ihm nach Hause gekommen und habe ihm schwere Vorwürfe gemacht, aber es sei nicht der Vater des Freundes, sondern dessen Begleiter gewesen, der den wahren Grund für den zweiten Sprung geliefert habe. Es war der Reporter der *Bild*-Zeitung, der ihn befragen wollte. Für die Auskünfte und das Foto habe der ihm danach 20 Mark in die Hand gedrückt. Als sie gegangen seien, habe der Journalist dann leise – so, dass Bennos Vater es nicht hören konnte – einen zweiten Besuch angekündigt. Er habe da noch einen Vorschlag. Der Mann hatte sich als »Reichel« oder »Kreischel« vorgestellt, aber so genau habe er, Eckhard, das nicht verstanden, denn der andere hätte stark genuschelt. Vier Tage später sei der Reporter der *Bild*-Zeitung dann tatsächlich noch einmal bei ihm zu Hause aufgetaucht und habe ihm ein Angebot gemacht, das er nicht habe ablehnen können, besonders wenn er seine Schulden von über 2000 Mark bedenke. Genau am Tag des zweiten Besuchs habe er dann auch noch das Kündigungsschreiben der Schornsteinbaufirma erhalten, bei der er angestellt war.

Der Herr »Reichel«/»Kreischel« habe nun vorgeschlagen, Eckhard solle sich ordentlich betrinken und dann noch einmal versuchen, über die Mauer in den Osten zu klettern. Dafür habe er ihm 500 Mark gegeben und weitere 1000 Mark nach Eckhards Rückkehr versprochen. Dass er in den Westen zurückgeführt werde, das sei gewiss. Die DDR-Behörden würden niemanden länger als acht bis zehn Tage in Gewahrsam halten, besonders die nicht, die volltrunken über die Mauer springen. Man würde ihn zwar verhören und wahrscheinlich in ein Untersuchungsgefängnis stecken, aber darum ginge es ja gerade. Für die Leser der *Bild*-Zeitung sei all dies von großem Interesse. Eckhard solle besonders auf die Details achten: wie die hinteren Grenzanlagen genau aussehen, zu welchen Dienststellen er nach der Festnahme gebracht werde, wie die Haftanstalten ausgestatten seien, mit welchen Methoden die Vernehmungen geführt werden und ob es Hinweise auf die Misshandlung von Gefangenen gebe. Wenn möglich solle er auch versuchen herauszufinden, von wem er verhört werde. Namen wären toll.

Einige Tage später widerrief Eckhard Berger erneut und völlig überraschend seine bisherigen Aussagen: Nein, nicht die *Bild*-Zeitung habe sich an ihn, sondern er selbst habe sich an die *Bild*-Zeitung gewandt![7] Schon an jenem Kneipenabend im »Elseneck« habe er aus eigenem Antrieb, und ohne dass Benno und Dieter etwas davon mitbekommen sollten, telefonisch die Redaktion der *Bild*-Zeitung über den Plan informiert. Wegen der hohen Schulden habe er schon seit einiger Zeit darüber nachgedacht, eine »Sensationssache« an den Springer-Konzern zu verkaufen. Er habe an dem Abend wirklich über die Mauer klettern wollen, um danach darüber zu berichten. Das Geld habe er dringend gebraucht, aber mit Benno und Dieter nicht teilen wollen. Doch für den missglückten Versuch wollte der Reporter ihm nur 20 Mark geben. Wenn er mehr Geld wolle, müsse Eckhard schon selbst rüber.

In den Verhören hatte Eckhard also insgesamt drei Versionen der Geschichte geliefert: in volltrunkener Sorge, im Auftrag der *Bild*-Zeitung oder aus eigener Initiative zum Schuldenabbau habe er den Grenzdurchbruch versucht. Die Ermittler der MfS-Hauptabteilung IX konnten sich nun aussuchen, welche dieser Versionen sie zur Anklage bringen wollten. Die Wahl fiel nicht schwer, denn was der arme Eckhard nicht hatte wissen können, war, dass die zweite, die *Bild*-Zeitungsversion der Geschichte den DDR-Behörden wie ein Geschenk des Himmels vorkam.

Für Anfang März plante das DDR-Fernsehen nämlich die Ausstrahlung der fünften und letzten Folge der DEFA-Spielfilmreihe »Ich – Axel Cäsar Springer«. Die Titelfigur wurde vom populären Theater- und Filmschauspieler Horst Drinda dargestellt (bekannt unter anderem aus »Die besten Jahre« von 1965), und schon die ersten vier Folgen des 602 Minuten langen Monumentalwerks waren ein großer Publikumserfolg gewesen. Der als Anti-Springer-Film konzipierte Mehrteiler erzählte vom rasanten Aufstieg des Hamburger Verlegers und unterstellte diesem dabei zunächst Verbindungen zur SS, später betrügerische Geschäftspraktiken und schließlich eine männerbündische, homosexuelle Verschwörung. Mit Verleumdungen und Klischees wurde also nicht gespart.[8] Mit der letzten Folge wollte man nun die jüngste Vergangenheit beleuchten und schließlich in der Gegenwart ankommen. Hier spielten der Umzug des Verlagshauses nach Berlin und natürlich die Studentenunruhen eine große Rolle. Vor allem aber sollte mit dieser letzten Folge die ideologische Stoßrichtung des Films unmissverständlich deutlich werden: Den grenzenlosen Hass des Axel Cäsar Springer auf die DDR wollte man herausstellen, genauso wie seine Bereitschaft, mehr als nur publizistisch gegen die geliebte sozialistische Republik vorzugehen.

Und dann kommt Eckhard Berger über die Mauer geklettert. Vier Wochen vor der Ausstrahlung des Films – einen besseren Zeitpunkt hätte er sich nicht aussuchen können. Für die Ermittler galt es nun, den Mauersprung als Springer-Aktion zu entlarven, um damit den Fernsehzuschauern den letzten Beweis für die Authentizität der Spielfilmhandlung zu liefern.

Die Ermittlungen konzentrierten sich auf den Reporter. Eckhard selbst konnte die Stasioffiziere ein ganzes Stück weiterbringen, indem er auf einer der 37 Fotografien, die man ihm vorlegte, seinen Auftraggeber »Reichel«/»Kreischel« identifizierte. Bei dem Abgebildeten handelte es sich um den *Bild*-Zeitungsreporter Georg Lutz, der auch für den Artikel über den ersten Mauersprung verantwortlich gezeichnet hatte. Nun mussten nur noch die Verhältnisse, das Umfeld und die Verbindungen des Herrn Lutz näher untersucht werden. Telefonbücher wurden gewälzt, Archive nach seinen früheren Artikeln durchforstet, Informelle Mitarbeiter (IM) in West-Berlin beauftragt, mehr über seine Position im Springer-Konzern herauszufinden, sein Privathaus zu fotografieren und auch sonst alles Verwertbare über ihn zu sammeln. Am 26. Februar 1970 wurden die Ermittlungsergebnisse in einer Dokumentation zusammengeführt, die als Beweismittel im Prozess dienen sollte:

> *»Überprüfungen und Ermittlungen des Ministeriums für Staatssicherheit erbrachten den Beweis, daß es sich bei der Person Georg Lutz alias Kreischel um einen Angestellten des Axel-Cäsar-Springer Verlages in Westberlin handelt.*
>
> *Lutz ist Redakteur des Springer-Blattes ›Bild-Zeitung‹ und hat seinen Sitz im Verlagshaus des Springer-Konzerns in Westberlin-Kreuzberg, Kochstraße. Seine Redaktion trägt die Bezeichnung ›Büro Lutz‹.*
>
> *Georg Lutz alias Kreischel verfügt über enge Beziehungen zu Westberliner Polizeidienststellen und wird im engen Zusammenwirken mit ihnen als verantwortlicher Redakteur der ›Bild-Zeitung‹ tätig.*
>
> *Aufgrund seiner Stellung im System der Feindtätigkeiten gegen die DDR und seiner teilweise geheimen Beziehungen ist Lutz alias Kreischel bemüht, seine Tätigkeit und seine Aufenthaltsorte in Westberlin vor der Öffentlichkeit zu tarnen und abzudecken.*
>
> *Er verwendet häufig sein Pseudonym KREISCHEL, tarnt sich öffentlich als Dolmetscher und Übersetzer und hält seine Mitarbeiter zur Geheimhaltung seiner Wohnanschrift an.«*[9]

Den hier bereits angedeuteten Verdacht geheimdienstlicher Verwicklung wollte man anscheinend noch etwas stärker betonen. Durch Aktenstudium »einer größeren Anzahl« anderer Fälle konnte eine interne *MfS*-Studie diesen komplizierten Sachverhalt in einfachen Worten bestätigen:

> *»Einschätzung spezifischer Auftragserteilung imperialistischer Geheimdienste an die in die DDR eingeschleusten Agenturen. […]*
>
> *Der amerikanische Geheimdienst und die Geheimdienste der westdeutschen Bundesrepublik insbesondere der Bundesnachrichtendienst und der Militärische Abschirmdienst erteilen eingeschleusten Agenturen im Rahmen spezieller Unterweisungen und Instruierung im Zusammenhang mit den von den Auftraggebern einkalkulierten Festnahme der Agenturen durch die Sicherheits- und Schutzorgane der DDR zielgerichtete Aufträge zur Erkundung des Systems der Abwehr und Bekämpfung feindlicher Angriffe gegen die DDR.«*[10]

Was solche Erkundungsaufträge beinhalteten, wurde in der Studie dann im Einzelnen aufgeführt, und diese Liste glich aufs Haar den Anweisungen, die Eckhard Berger von Georg Lutz erhalten haben soll: Die Geheimdienste wünschten Informationen zu Grenzsicherungsanlagen, Haftanstalten, Vernehmungsmethoden, Misshandlungen und vor allem die Namen von MfS-Angehörigen. Die Ermittlungen erbrachten noch mehr Hinweise darauf, dass Georg Lutz mit den Geheimdiensten zusammenarbeitete. Ein IM im West-Berliner Polizeidienst berichtete, dass schon in der Nacht des ersten Mauersprungs, dem von Benno und Dieter, die Politische Polizei die Ermittlungen übernommen habe.[11] Dass ein US-Militärangehöriger bei der Vernehmung dabei gewesen war, das hatte Eckhard bereits ausgesagt. Und per Funk haben diese beiden »Geheimdienste« dann ganz offensichtlich Georg Lutz informiert, sonst hätte der nicht so schnell vor Ort sein können, um das Foto zu machen. Außerdem hätte er dann Eckhard nicht dermaßen rasch auffinden können, um ihm den Spionageauftrag zu erteilen.

Sechs Tage nach der Ausstrahlung der letzten Folge des Fernsehfilms »Ich – Axel Cäsar Springer« lag im MfS ein »Agitationsplan zur Unterstützung der Anti-Springer-Kampagne« vor.[12] Gerade jetzt, da der Film noch frisch in der Erinnerung der Fernsehzuschauer war, wollte man das Gerichtsverfahren gegen Eckhard Berger zur weiteren Entlarvung der Umtriebe des Springer-Konzerns propagandistisch nutzen. Zu diesem Zweck sollte an einem Samstagabend im Anschluss an die »Aktuelle Kamera« eine kurze Sondersendung über den Prozess ausgestrahlt werden. Wohl wissend, dass auch leidenschaftlich vorgetragene Plädoyers nicht unbedingt die beste Propagandawirkung erzielen, wollte man die Reportage »lebendig gestalten« und »den Angeklagten Berger nach der Verurteilung speziell für den Deutschen Fernsehfunk [...] interviewen«. In den Tagen nach der Sendung sollte dann die Presse über den Prozess und die neuerlichen Enthüllungen berichten.[13]

Vor Gericht zeigte sich der Staatsanwalt in Bestform: Der *Bild*-Reporter Georg Lutz sei kein gewöhnlicher »Revolverjournalist«, sondern ein einflussreicher Mann, der »weitreichende Verfügungsbefugnisse z. B. zum unkontrollierbaren Einsatz von Geldmitteln nicht unbeträchtlichen Umfangs« hatte und damit »geheimdienstliche Ziele« verfolgte. Der Springer-Konzern versuche mit allen Mitteln,

> *»Millionen von Menschen das politische Denk- und Urteilsvermögen systematisch zu zerstören, sie zur geistigen Unmündigkeit zu verurteilen und sie so zu kritiklosen Verfechtern der Bonner Revanche-Politik, der völkerrechtswidrigen Alleinvertretungsanmaßung, der Politik der völkerrechtlichen Nicht-Anerkennung der DDR und des Antikommunismus überhaupt zu machen«.*

Mit der hier zu verhandelnden Provokation habe Springer die Bonner Regierung »in ihrem Bestreben [unterstützen wollen], die völkerrechtliche Anerkennung der DDR zu vermeiden oder hinauszuzögern«. Eckhard Berger sei dagegen nur am Geld interessiert gewesen, und als asozialer, mehrfach vorbestrafter Arbeitsbummelant sei es kein Wunder, dass bei ihm »auch die primitivste Hetze der westlichen Massenmedien auf fruchtbaren Boden« gefallen sei. Seine verkommene Person zeige aber auch ganz deutlich »den moralischen Sumpf, aus dem die Bild-Redakteure ihre Agenten und Provokateure fischten«.[14]

Das Gericht folgte dem Antrag der Staatsanwaltschaft und verurteilte den Mauerspringer Eckhard Berger wegen mehrfachen (versuchten) ungesetzlichen Grenzübertritts (§ 213 StGB der DDR) in Tateinheit mit der Sammlung von Nachrichten (§ 98 StGB der DDR) zu drei Jahren und sechs Monaten Freiheitsentzug. Im anschließenden Fernsehinterview versuchte man mit überheblichen Fragen, den Verurteilten als begriffsstutzig und ungebildet hinzustellen. Der Kommentar zu den Prozessbildern hatte hierfür schon die Grundlage gelegt:

> *»Dummheit, Naivität und blinde Voreingenommenheit gegenüber der DDR können nicht entschuldigen, wer sich kaufen läßt, um gegen sie die Hand zu erheben. Dennoch muß bei der Urteilsfindung berücksichtigt werden, daß hier ein Schuldiger vor Gericht steht – die Hauptschuld aber im Springerkonzern und bei seinen politischen Hinter- und Dunkelmännern liegt.«*[15]

Auf die abschließende Frage, warum er wohl glaube, »der richtige Mann [gewesen zu sein], um für Lutz und seine Auftraggeber innerhalb und außerhalb des Springerkonzerns die Nachrichten eines Grenzverletzers zu sammeln«, wusste Eckhard keine Antwort. Zynisch meinte der Fernsehreporter: »Darüber nachzudenken lohnt sich aber – und Sie haben ja jetzt Zeit und Gelegenheit dazu.« Damit sollte er recht behalten: Eckhard Berger musste zwei Drittel seiner Strafe in der berüchtigten Strafvollzugsanstalt Bautzen II absitzen, bevor man ihn schließlich im November 1972 nach West-Berlin entließ.

Der Mauersprung von Eckhard Berger sollte der einzige Vorfall dieser Art bleiben, den die DDR-Behörden offensiv zur Propaganda nutzten. Das zeitliche Aufeinandertreffen mit der Ausstrahlung des Anti-Springer-Films war einfach zu reizvoll, um den Grenzdurchbruch mit der sonst üblichen Geheimhaltung zu behandeln. Paradoxerweise war das publikumswirksame Verfahren sogar von Vorteil für Eckhard, denn die Staatssicherheit musste hierfür Beweise unterschlagen, die ihn zusätzlich belastet hätten. Er war nämlich bei seiner dritten Version geblieben: Von sich aus habe er mit der *Bild*-Zeitung Kontakt aufgenommen.[16] Und damit wäre ein weiterer Straftatbestand erfüllt gewesen, doch die Hauptabteilung IX entschied, dass Eckhards Aussage dem Gericht vorzuenthalten sei. Der Staatsanwalt hielt sich daran: »Nach entsprechender Vorberatung wurde [die] Anklage bewußt auf § 98 ff. StGB begrenzt. Von der möglichen Beihilfe zur Staatsfeindlichen Hetze wurde Abstand genommen.«[17]

Was Eckhard genützt haben mag, hat den beiden anderen Mauerspringern aus dem »Elseneck« womöglich geschadet. Dieter Albrecht und Benno Linke, die in einem späteren Prozess zu achtzehn bzw. fünfzehn Monaten Freiheitsentzug verurteilt wurden, konnten nun nicht mehr behaupten, Eckhard habe sie aus persönlicher Geldgier angestiftet. In den Ermittlungsakten der beiden finden sich dazu gleichlautende Vermerke:

> *»Die Aussagen des Beschuldigten Berger, Eckhard, daß er über den beabsichtigten Grenzdurchbruch der Beschuldigten Linke und Albrecht einen Mitarbeiter der Westberliner Zeitung ›Bild‹ informiert hat, wurde von der HA IX aus politisch-operativen Gründen nicht im Gerichtsvorgang Berger berücksichtigt. Aus den genannten Gründen erfolgte die Abänderung des Schlußberichts der Beschuldigten Linke und Albrecht.«*[18]

Welche »politisch-operativen Gründe« hier gemeint waren, liegt auf der Hand. Eckhards Aussage lieferte eine einfache Erklärung dafür, warum der Reporter Georg Lutz so schnell hatte vor Ort sein können. Doch damit wäre die Anti-Springer-Propaganda ins Leere gelaufen. Die Unterscheidung zwischen dem willfährigen Helfer und den dunklen Hintermännern hätte dann viel von ihrer Überzeugungskraft eingebüßt. Denn nur wenn sich zeigen ließ, dass die Initiative von der *Bild*-Zeitung selbst ausgegangen war, konnte man im Fernsehen glaubhaft vermitteln, dass letztlich der Antikommunist Axel Springer für den Spionageeinsatz verantwortlich war.

Merkwürdig bleibt die Geschichte trotz alledem. Warum mussten die Ermittler Georg Lutz unbedingt zum »Staatsfeind« stilisieren, der als Teil des »Systems der Feindtätigkeit gegen die DDR« den schuldengeplagten Eckhard Berger zu seinem »auftragsmäßig handelnden Agenten« gemacht hatte? Die »Ermittlungsergebnisse« waren jedenfalls maßlos übertrieben. Die Staatssicherheit wusste sehr wohl, dass Georg Lutz nur ein einfacher Kriminal- und Fotoreporter war, der mit seinem Funkgerät die Polizeifrequenz abhörte, um dann über Unfälle, Familientragödien und spektakuläre Morde zu berichten.[19] Auch für seine »Tarnungsversuche« lag eine simple Erklärung vor. Ein West-Berliner IM hatte ausdrücklich darauf hingewiesen, dass die Nutzung eines Pseudonyms gängige Praxis unter den *Bild*-Journalisten sei, um ihre Honorarabrechnungen zu verschleiern (vermutlich vor den Steuerbehörden).[20] Warum legten die Stasiermittler dann so viel Wert darauf, den Reporter als Drahtzieher einer geheimdienstlichen Operation erscheinen zu lassen? Und warum versuchte der Staatsanwalt in seinem Plädoyer sogar, eine Mitverantwortung der Bonner Regierung zu konstruieren? Hätte es nicht ausgereicht, etwas weniger dick aufzutragen, um der DDR-Bevölkerung zu zeigen, dass »Ich – Axel Cäsar Springer« keine reine Fiktion war?

Hier steckte noch einiges mehr dahinter. Zeitlich hatte Eckhard Berger nämlich nicht nur das Pech gehabt, kurz vor Ausstrahlung des Fernsehfilms über die Mauer geklettert zu sein. Auch in einer zweiten Hinsicht war er der Staatssicherheit gerade im Januar 1970 höchst willkommen. Unversehens war Eckhard nämlich mitten in einen Konflikt innerhalb der Staats- und Parteiführung der DDR hineingesprungen.[21] Die Auseinandersetzung drehte sich augenscheinlich darum, wie man auf die ostpolitischen Initiativen reagieren sollte, die der neu gewählte Bundeskanzler Willy Brandt in seiner Regierungserklärung im Oktober 1969 angekündigt hatte. Im Politbüro des Zentralkomitees wurde daraus aber viel mehr als nur eine außenpolitische Richtungsentscheidung. Denn an dieser Frage entzündete sich der schon länger schwelende Machtkampf zwischen Walter Ulbricht und Erich Honecker. Während der eine zu Kompromissen bereit schien, lehnte der andere jegliche Zugeständnisse ab, solange die Bundesrepublik die DDR nicht völkerrechtlich anerkenne. Der Minister für Staatssicherheit, Erich Mielke, stellte sich in dieser Auseinandersetzung mit einem »talentierten Positionswechsel« – wie seine Biographin Wilfriede Otto später schreiben sollte – erstmals gegen Ulbricht. In einer Rede vor dem Zentralkomitee im Dezember 1969 wandte er sich ganz offen gegen dessen flexible Konzeption. Willy Brandts »neue Ostpolitik« sei nichts anderes als eine »generalstabsmäßig geplante politisch-ideologische Aufweichungs- und Zersetzungstätigkeit«. In Wahrheit lasse die SPD/FDP-Regierung nichts unversucht, »die Geheimdienste, Agentenzentralen, Menschenhändlerbanden und alle anderen feindlichen Organisationen und Zentralen voll in den Dienst ihrer Machenschaften gegen die sozialistischen Länder, vor allem gegen die DDR zu stellen«. Dass der Stasichef auf das richtige Pferd gesetzt hatte, wurde zwei Jahre später mit dem Sturz Ulbrichts deutlich. Danach sollte sich das in der Rede kaum verschleierte Bekenntnis zu Erich Honecker auch auszahlen. Während Walter Ulbricht den Geheimdienstchef nie im engeren politischen Führungskreis hatte sehen wollen, ließ Honecker ihn sofort nach seiner Amtsübernahme zum Kandidaten und nur fünf Jahre später zum Vollmitglied des Politbüros aufsteigen. Zum Zeitpunkt der Rede des Stasichefs war der Machtkampf aber längst noch nicht entschieden. Mit seinem Mauersprung kam Eckhard Berger Erich Mielke gerade recht.

Noch am Tag der Urteilsverkündung ließ Mielke der gesamten Staats- und Parteiführung einen Lagebericht der Zentralen Aufklärungs- und Informationsgruppe (ZAIG) zukommen. Die kurze Zusammenfassung des Prozessverlaufs verwies ausdrücklich darauf, dass am folgenden Tag eine Fernsehdokumentation ausgestrahlt werde. Nicht nur normale Bürger, sondern vor allem die Genossen im Politbüro sollten also vor die Fernseher gelockt werden, damit sie erkannten, dass der Fall Berger ein »Bestandteil der gegen die völkerrechtliche Anerkennung der DDR gerichteten aggressiven westdeutschen Politik« gewesen sei.[22] Die Propaganda richtete sich also nicht nur – und vielleicht noch nicht einmal in erster Linie – an die eigene Bevölkerung. Auch die Führungsriege der DDR war der Adressat, und im offenen Machtkampf durfte man ruhig etwas dicker auftragen. Außerdem hatte man die Sache doch mit der Kommission für Agitation und Propaganda abgesprochen, und die hatte nichts dagegen gehabt. Alles andere hätte Mielke auch überrascht; denn der Leiter dieser Kommission war kein Geringerer als Werner Lamberz, der wohl engste Vertraute von Erich Honecker.

Wer weiß, wie die Sache ausgegangen wäre, hätten die drei beim Bier im »Elseneck« auch nur die leiseste Ahnung von all diesen Verwicklungen gehabt.

Bethaniendamm, Blick auf die St.-Thomas-Kirche am Mariannenplatz, Kreuzberg/Mitte

Beistand

Mit seinen 44 Jahren war Werner Sibilski erheblich älter als Eckhard Berger, als er sich anschickte, am 19. Mai 1973 über die Mauer in den Osten zu klettern. Von seinem Lebensalter abgesehen, hatte er mit dem »Springer-Spion« jedoch einiges gemeinsam. Auch er war Bauarbeiter und hatte reichlich Alkohol zu sich genommen, bevor er in den frühen Morgenstunden an der Dresdener Straße den Mauersprung wagte. Nicht nur Beruf, Alkoholspiegel und Straftat waren vergleichbar; sogar die Absicht war dieselbe. Auch Werner Sibilski wollte mit seiner Grenzverletzung erreichen, dass die West-Berliner Presse über das waghalsige Unternehmen berichtete.

Für die Soldaten des Grenzregiments 35 war es ein Leichtes, den Mann aus Kreuzberg festzunehmen. Sie mussten ihre Maschinenpistolen gar nicht erst durchladen, denn beim Sprung von der Mauer hatte sich der Grenzverletzer so stark den Fuß verstaucht, dass er nach wenigen Schritten in Richtung Postenturm zusammengebrochen war. »Aufgrund der Fußverletzung wurde die Person auf Weisung des Mitarbeiters [der MfS-Hauptabteilung I] zum Volkspolizeikrankenhaus zur Untersuchung und Blutprobe überwiesen.«[1]

Am folgenden Tag wurde ein Ermittlungsverfahren wegen »ungesetzlichem Grenzübertritt« eingeleitet. Bei aller Ähnlichkeit der Umstände kam das Ministerium für Staatssicherheit in diesem Fall allerdings zu einem ganz anderen Ergebnis als drei Jahre zuvor. Das Ermittlungsverfahren wurde eingestellt, und schon vier Tage nach seinem Mauersprung war Werner Sibilski wieder zu Hause in Kreuzberg, denn einen wesentlichen Unterschied zum »Springer-Spion« gab es schließlich doch: Dieser betrunkene Bauarbeiter war nicht in provokatorischer Absicht gekommen – er wollte der DDR Beistand leisten.

»Ich war im Gegensatz zu den Veröffentlichungen in der Westberliner Zeitung ›Bild‹ über die Anwendung der Schußwaffen durch die Grenzsicherungsorgane der DDR bei Grenzverletzungen der Auffassung, daß dabei die DDR-Organe nicht schießen. Diese von mir vertretene Auffassung wollte ich durch einen illegalen Grenzübertritt belegen.«[2]

Dabei war Werner Sibilski nicht der geborene Politaktivist.[3] Dafür fehlte ihm ganz einfach die Zeit. Er hatte schließlich seine beiden geschiedenen Ehefrauen und seine acht Kinder zu versorgen. Mit großem Fleiß hatte er sich als ungelernte Hilfskraft zum Baufacharbeiter hochgearbeitet. Doch für eine anständige Wohnung reichte das Geld trotzdem nicht. Was er sich leisten konnte, war lediglich das Obdachlosenasyl am Legiendamm. Dort teilte er sich zwei Zimmer mit seiner ersten Ehefrau, mit der er sich wieder versöhnt hatte. Die beiden waren nicht allein. Vier der acht Kinder lebten zusätzlich in der 32 Quadratmeter großen Wohnung.

Für die Kinder war das Asyl ganz sicher nicht der richtige Ort, um aufzuwachsen. Und auch Werner wollte oft einfach nur raus aus der Wohnung. In die Kneipe ging er dann allerdings selten, nur an Tagen, an denen der Lohn ausgezahlt wurde. Und auch das tat er erst, nachdem er das Haushaltsgeld zu Hause abgeliefert hatte.[4] Trotz aller Widrigkeiten war Werner Sibilski kein unglücklicher Mann. Er wusste die kleinen Freuden des Lebens zu genießen.

> *»Nach der Arbeit bin ich meistens nur noch bis 20.00 Uhr auf, sehe fern oder unterhalte mich mit den Kindern. Sonnabends unternehme ich meistens Spaziergänge mit der kleinsten Tochter und sonntags bin ich für das Essen verantwortlich, weil es mein Hobby ist.«*[5]

Politisch zu denken begann Sibilski erst ein Jahr vor seinem Mauersprung, und das auch nur, weil ihn andere dazu ermunterten. Damals war eine Studentin der Sozialpädagogik im Obdachlosenasyl aufgetaucht, hatte sich als Regine Bauer vorgestellt und angekündigt, dass sie im leerstehenden Bethanien-Krankenhaus eine Tagesbetreuung für die Kinder der Asylbewohner einrichten wolle.

> *»Diese Idee gefiel mir, und ich war dann im Mai 1972 dabei, als die Bauer zusammen mit Studenten die Räume im genannten Haus besetzte. Wir renovierten zunächst diese Räume und sammelten dann Kinder aus dem Obdachlosenasyl, die sich tagsüber dort aufhalten konnten und meist von Studenten betreut wurden.«*[6]

Unverhofft war der Baufacharbeiter also in die bunte Besetzerszene eingetaucht, die sich am Mariannenplatz zusammengefunden hatte. Von linksautonomen Randalierern über protestierende Studenten bis hin zu jugendlichen Trebegängern war bei der Besetzung des Bethanien alles vertreten, auch Sozialpädagogen mit anthroposophischer Weltanschauung. Anfangs war Werner Sibilski das alles einerlei. Für ihn zählte nur, dass seine Kinder endlich die Möglichkeit hatten, tagsüber dem Obdachlosenasyl zu entfliehen. Doch nach einiger Zeit entwickelte sich eine echte Freundschaft zwischen ihm und den Besetzern, auch weil die jungen Leute tatsächlich bereit waren, für sozial schwache Familien wie seine zu kämpfen.

»Da Regine Bauer [...] versuchte, die soziale Lage der Menschen des Obdachlosenasyls zu verbessern, dabei besonders auch die Wohnverhältnisse, schloss ich mich ihr weiterhin an und trat auch der SPD bei, um bei offiziellen Stellen in Westberlin mit meinen Forderungen sicherer auftreten zu können.«[7]

Den Beitritt zur SPD hatte ihm Regine Bauer nahegelegt. Je mehr Parteimitglieder unter den Besetzern seien, desto leichter würde es fallen, finanzielle Unterstützung vom Bezirk oder dem Senat zu bekommen. In der Zwischenzeit wurde das Bethanien zwar einmal von der Polizei geräumt, aber schließlich hatte die ganze Mühe ein Jahr später doch Erfolg. Auch Dank der Unterstützung von Hilda Heinemann, der Gattin des damaligen Bundespräsidenten, erhielt die Tagesstätte schließlich Fördermittel des Senats und durfte nun ganz offiziell die Räume im Bethanien-Krankenhaus nutzen.[8]

Wann immer die Arbeit es zuließ, hatte Werner Sibilski schon vor dieser guten Nachricht an den Versammlungen der »Westberliner Studentenvereinigung zur Bildung und Anleitung von Kindergruppen« teilgenommen.[9] Regine Bauer und die anderen trafen sich im »Max und Moritz« in der Oranienstraße, und dort wurde oft stundenlang diskutiert. Meist ging es um die Vorzüge herrschaftsfreier Pädagogik, man besprach aber auch die Situation der Arbeiterklasse, analysierte Wesen und Übel des Kapitalismus und entwarf alternative Gesellschaftsmodelle. Natürlich sollte der Diskussionsprozess offen gestaltet sein und gern auch Betroffene einbeziehen. Kaum einer war von alledem mehr betroffen als Werner Sibilski.

Von den Diskussionen angeregt, begann der Kreuzberger nun auch mit seinen Bauarbeiterkollegen über Politik zu sprechen, so auch über die DDR. Mit Kapitalismuskritik hatte das weniger zu tun, man konzentrierte sich lieber auf lebensnahe Fragen: Schießen sie oder schießen sie nicht?

> *»Einige Kollegen [vertraten] die Auffassung, daß die Schußwaffenanwendung an der DDR-Staatsgrenze mit Mord gleichzusetzen sei, während der größere Teil die Meinung des Sibilski verteidigte, daß die Grenzsoldaten keinen besonderen Schießbefehl haben, sondern nur die Grenze vor Durchbrüchen schützen. Die Diskussion kam zum Erliegen, weil keiner dem anderen das Gegenteil beweisen konnte.«*[10]

Der Mauersprung war also gewissermaßen die Fortführung einer politischen Diskussion mit anderen Mitteln. Und Werner Sibilski hatte recht behalten – in seinem Fall hatten die Grenzsoldaten nicht geschossen. Auch die Behandlung durch die Mitarbeiter des Ministeriums für Staatssicherheit war sehr korrekt und human gewesen. Und dass man ihn ungestraft hatte ziehen lassen, lag doch sicher daran, dass er als Angehöriger der Arbeiterklasse eine fortschrittliche politische Einstellung demonstriert und der DDR damit Beistand geleistet hatte.

In der Tat war man genau in diesen Wochen in Ost-Berlin stark daran interessiert, dass sich an der Staatsgrenze keine Zwischenfälle ereigneten.[11] Nichts sollte den Ruf der DDR als weltoffenes, tolerantes und vor allem friedliebendes Land gefährden – es galt, den bis dato größten außenpolitischen Erfolg der Geschichte zu sichern. Nach der Unterzeichnung des Grundlagenvertrags im Dezember 1972 schien die internationale Staatengemeinschaft nämlich endlich bereit, der sozialistischen Republik die volle staatliche Souveränität zu attestieren. Die Bundesrepublik selbst hatte die DDR zwar nur de facto anerkannt, doch immerhin wurde in dem Vertrag die »Unverletzlichkeit der Grenzen« bestätigt und mit Artikel 4 vereinbart, dass »keiner der beiden Staaten den anderen international vertreten oder in seinem Namen handeln kann«. Diese Regelungen machten den Weg frei für eine De-jure-Anerkennung durch andere westliche Staaten. Schon kurz nach der Vertragsunterzeichnung zeigten sich erste Erfolge. Im Dezember 1972 konnte die

DDR mit zwanzig Staaten erstmals diplomatische Beziehungen aufnehmen. Weitere dreizehn folgten im Januar 1973, darunter sogar NATO-Mitglieder wie Italien und die Niederlande. Die Anerkennungswelle rollte, doch die größte Auszeichnung sollte der DDR erst nach der Vertragsratifizierung zuteil werden: die Mitgliedschaft in den Vereinten Nationen. Vor Schluss des Grundlagenvertrages war beiden deutschen Staaten der Beitritt verwehrt geblieben. Entsprechende Anträge wären im Sicherheitsrat am Veto der drei Westmächte oder aber an dem der Sowjetunion gescheitert. Doch im November 1972 hatten die vier Vetomächte gemeinsam erklärt, dass sie nach dem Inkrafttreten des Grundlagenvertrags gleichzeitig gestellte Anträge der beiden deutschen Staaten unterstützen würden.

Doch die Ratifizierung des Vertrages bereitete Schwierigkeiten. Diesmal war nicht in der DDR, sondern in der Bundesrepublik ein heftiger Streit über die neue Ostpolitik entbrannt. Die CDU/CSU-Opposition lehnte den Grundlagenvertrag ab. Die in Artikel 1 des Vertrages genannten »normalen gutnachbarlichen Beziehungen« könne man doch nicht mit einem Regime pflegen, das seinen Soldaten an Mauer und Grenze einen Schießbefehl erteilte. Als Werner Sibilski den Gegenbeweis führen wollte, hatte der Bundestag dem Vertrag mit einer Mehrheit von 268 gegen 217 Stimmen zwar bereits zugestimmt, doch die Bestätigung des Bundesrates stand noch aus. Hier hatten die CDU/CSU-regierten Länder die Stimmenmehrheit. In dieser Situation würde die DDR den Beistand des Baufacharbeiters doch sicher zu schätzen wissen.

Dass Werner Sibilski nach nur vier Tagen wieder zu Hause im Obdachlosenasyl sein durfte, hatte er tatsächlich dem Ratifizierungsverfahren zu verdanken. Die strafrechtlichen Ermittlungen gegen ihn wurden »unter Berücksichtigung der […] politischen Situation und der bevorstehenden Unterzeichnung des Vertrages über die Grundlagen der Beziehungen zwischen der DDR und der BRD eingestellt«.[12] Mit dieser Entscheidung wollte das Ministerium für Staatssicherheit aber keineswegs die Dankbarkeit der DDR ausdrücken; das Gegenteil war der Fall. Denn Sibilskis Versuch, die Existenz des Schießbefehls durch den Mauersprung zu widerlegen, war gänzlich schiefgegangen. Seine geschiedene Ehefrau Rosa war ihm in dieser Nacht an die Mauer gefolgt. Als Werner sich beim Sprung den Fuß verstaucht hatte, konnte er ihr unter Schmerzen noch zurufen, er glaube, sein Bein sei gebrochen. Rosa hatte das missverstanden und »mein Bein ist getroffen« gehört. Jedenfalls hat sie das so später den Reportern erzählt. Wieder einmal konnten die Zeitungen über das unmenschliche Grenzregime der DDR berichten. »Betrunken über Mauer: Beinschuß« titelte das *Spandauer Volksblatt*, »Kommen Sie nicht näher, ich schieße ...« lautete die Schlagzeile in *Der Abend*, und die *B.Z.* wusste sogar noch mehr: »Er wollte ihnen die Meinung sagen – Westberliner von Grepos niedergeschossen und verletzt«. Und die *Berliner Morgenpost* brachte eine Pressemitteilung des amerikanischen Stadtkommandanten von Berlin, der die Schüsse auf einen unschuldigen Menschen scharf verurteilte, und »Befehle, die derartige Vorkommnisse erlauben«, als eine »Unanständigkeit« bezeichnete.[13]

Auf Werner Sibilskis Beistand hätte man in Ost-Berlin gern verzichtet. Nicht nur dass in dieser kritischen Phase des Ratifizierungsprozesses die »Hetze« der Westpresse wieder anschwoll, nun hatte auch noch ein offizieller Repräsentant einer Vetomacht protestiert. Der Grund für die schnelle Entlassung des Mauerspringers lag also einzig darin, dass die Staatssicherheit mit dem verstauchten Fuß das angeschossene Bein widerlegen wollte. Die fortschrittliche politische Einstellung des Angehörigen der Kreuzberger Arbeiterklasse war den DDR-Behörden dabei vollkommen gleichgültig, wie sich später noch deutlich zeigen sollte. In den Augen der Staatssicherheit war auch dieser Mauerspringer nur ein Provokateur.

Als Werner Sibilski die West-Berliner Presseberichte zu Gesicht bekam, war er sehr erbost.[14] Gemeinsam mit einem befreundeten Studenten, der sich als angehender Jurist mit solchen Fragen auskannte, verlangte er nach seiner Rückkehr von der *B.Z.* eine Richtigstellung. Der Journalist, der den Artikel verfasst hatte, kam dann auch tatsächlich noch einmal ins Obdachlosenasyl und hörte sich Werners Version der Geschichte an. In einem neuerlichen Artikel wurde seine Gegendarstellung veröffentlicht: Der Fuß sei nur verstaucht gewesen, er sei »außerordentlich korrekt« behandelt und zum Röntgen ins Krankenhaus gebracht worden, und von Misshandlungen könne »überhaupt keine Rede« sein. Eine Behauptung hielt der Journalist jedoch aufrecht: Drei Schüsse seien abgefeuert worden, nur hätten die Kugeln den Kreuzberger Arbeiter verfehlt. Das ärgerte den vermeintlich Beschossenen nur noch mehr. Gemeinsam mit Regine Bauer verfasste er einen eigenen Artikel und bot ihn der Zeitschrift *Stern* zur Veröffentlichung an. Die Redaktion schickte sogar einen Fotoreporter, der vor der Mauer ein paar Bilder von Werner schoss. Der dazugehörige Artikel erschien jedoch nie.

Werner Sibilski war sehr frustriert darüber, dass es ihm nicht gelingen wollte, die Falschmeldungen über die Reaktion der Grenzsoldaten zu korrigieren. Doch die Erfahrung des Mauersprungs hatte auch etwas Positives. Wie er vermutet hatte, konnte man mit einer solchen Tat Aufmerksamkeit erregen. Und vielleicht ließe sich das öffentliche Interesse so auch noch auf andere politische Themen lenken. Am 14. Juli 1973 kletterte Werner Sibilski ein zweites Mal über die Mauer.

»Als Motiv führte er erneut [...] an, durch sein Vorhaben beweisen zu wollen, dass die in der Westberliner Presse veröffentlichten Hetzartikel über das Grenzregime in der DDR nicht den Tatsachen entsprechen. Er habe darauf spekuliert, durch seine Handlungsweise in den Blickpunkt der Westberliner Öffentlichkeit zu gelangen. Außerdem wolle er diese

Gelegenheit benutzen, um gegen die unzureichenden sozialen Verhältnisse in Berlin (West), insbesondere die schlechte Wohnraumversorgung und Kinderbetreuung für Arbeiterfamilien, aufzutreten.«[15]

Der zweifache Mauerspringer wollte die erweiterte politische Dimension seines Handelns gern erklären, denn er war überzeugt davon, dass man gerade in der DDR dafür Verständnis haben würde.

»Ich bin mit den sozialen Verhältnissen nicht einverstanden, die für die Arbeiter in Berlin-Kreuzberg bestehen. Es gibt viele Mißstände und Mängel in der Unterbringung und sozialen Betreuung der Arbeiterfamilien und ihrer Kinder. Die Öffentlichkeit in Westberlin wird darüber nicht wahrheitsgemäß in Kenntnis gesetzt. Darüber bin ich empört.«[16]

Im Ministerium für Staatssicherheit teilte man seine Empörung nicht. Und es gab auch nicht länger einen Grund, den Grenzverletzer mit Nachsicht zu behandeln. Der Grundlagenvertrag war mittlerweile in Kraft getreten, und der Sicherheitsrat hatte am 22. Juni 1973 der Vollversammlung der Vereinten Nationen die Aufnahme der Bundesrepublik und der DDR empfohlen. Damit waren jene außenpolitischen Erwägungen hinfällig geworden, die zwei Monate zuvor die Freilassung des Mauerspringers noch erforderlich gemacht hatten. Diesmal hielt die Staatssicherheit es also

»für zweckmäßig, [...] in einem Ermittlungsverfahren mit Haft gemäß § 213 StGB – Ungesetzlicher Grenzübertritt – (schwerer Fall) allseitige Untersuchungen zur Gesamtheit der beiden Grenzverletzungen zu führen und unter Berücksichtigung des Ergebnisses eine entsprechende gerichtliche Verurteilung herbeizuführen.«[17]

Im Zuge des Verfahrens konnten die Ermittler der Staatssicherheit das Motiv des Mauerspringers eingehend beleuchten, doch als mildernden Umstand wollte man sein politisches Engagement nicht gelten lassen. Im Haftkrankenhaus für Psychiatrie und Neurologie Waldheim interessierte man sich ebenfalls für Werner Sibilskis klassenkämpferische Empörung. Aber auch hier war von Solidarität wenig zu spüren.

> »*Auch wenn es durchaus etwas absurd erscheint, daß er zum angeblichen Aufmerksammachen auf die sozialen Mißstände in Westberlin diesen Weg gewählt hat, so ist der prinzipielle Gedanke, auf* diese *Art und Weise in Westberlin auf seine persönlichen Nöte aufmerksam machen zu wollen und zwar durch die Presse, wenn man die Westberliner Presse und sonstigen Verhältnisse bedenkt, noch nicht einmal so absolut absurd. Er hat damit sogar ein gewisses Vermögen, komplizierte Denkvollzüge vollbringen zu können, bewiesen.*«[18]

Mit dieser tiefschürfenden Analyse hatten die Psychiater zweifelsfrei nachgewiesen, dass auch sie zu »komplizierten Denkvollzügen« fähig waren. Werner Sibilski wurde mit dem Gutachten jedenfalls für zurechnungsfähig erklärt, und dieser Befund erlaubte nunmehr der Staatsanwältin, die Mauersprünge als bewusste Grenzprovokationen hinstellen zu können. Für den Beschuldigten wollte sie eine Haftstrafe von zwei Jahren fordern.

Im Ministerium für Staatssicherheit war man sich darüber im Klaren, dass dieser Prozess – anders als der gegen Eckhard Berger – für Propagandazwecke gänzlich unbrauchbar, wenn nicht gar kontraproduktiv sein würde. Das klassenbewusste politische Anliegen des Mauerspringers stand in zu deutlicher Übereinstimmung mit dem propagierten Selbstverständnis eines Arbeiter-und-Bauern-Staates, um eine hohe Haftstrafe vor der Öffentlichkeit gerechtfertigt erscheinen zu lassen. Deshalb wurde beschlossen, die Hauptverhandlung hinter verschlossenen Türen stattfinden zu lassen.[19] Auf die Solidarität der werktätigen Bevölkerung konnte der Mauerspringer also auch nicht hoffen.

Von ganz unerwarteter Seite erhielt Werner Sibilski dann aber doch Unterstützung. Zehn Tage vor der Hauptverhandlung war der für den Fall vorgesehene Strafverteidiger erkrankt, und kurzfristig konnte der Ost-Berliner Rechtsanwalt Heinz Kanert einspringen.[20] Zwanzig Jahre zuvor war Kanert in den Kreisen der DDR-Justiz zu einiger Berühmtheit gelangt. Nach dem Volksaufstand vom 17. Juni 1953 hatte er für mehrere der daran Beteiligten die Verteidigung übernommen und dabei stets versucht, »sämtliche gesetzlichen und juristisch-moralischen Grenzen auszuschreiten, um [seinen] Mandanten zu helfen«.[21] Schon damals hatte Kanert gezeigt, dass man als Rechtsanwalt auch in der DDR seinem Berufsethos verpflichtet bleiben konnte. Und genau das wollte der freischaffende Anwalt in diesem Fall noch einmal unter Beweis stellen.

In einem in der Geschichte der Mauerspringer einmaligen Vorgang nutzte Heinz Kanert sein Abschlussplädoyer, um den Anschuldigungen der Staatsanwältin in aller Deutlichkeit zu widersprechen.[22] Nein, hier sei es eben gerade nicht um Provokation gegangen. Sicher habe der Angeklagte falsch gehandelt, doch damit nur auf das Schicksal seiner Familie aufmerksam machen wollen. Werner Sibilski habe aber mit seiner Tat die DDR nicht herausgefordert. Die Ausführungen des Verteidigers rührten den Richter und die beiden Schöffen.

»Die vom Vertreter des Generalstaatsanwalts von Groß-Berlin beantragte Freiheitsstrafe von 2 Jahren wurde unter Berücksichtigung aller objektiven und subjektiven Umstände nicht für erforderlich gehalten. Das Gericht erkannte daher auf eine Freiheitsstrafe von 1 Jahr und 6 Monaten.«[23]

Mit einem Teilerfolg wollte sich der couragierte Rechtsanwalt allerdings nicht zufriedengeben. Schon drei Tage nach der Verhandlung ging Heinz Kanert für seinen Mandanten in Berufung.[24] Zur Begründung verwies er auf einen Verfahrensfehler, der dem Gericht unterlaufen war. Im Verhandlungsprotokoll fand sich der vorgedruckte Hinweis, dass – wie üblich – zur Urteilsbegründung die Öffentlichkeit wiederhergestellt worden sei. Das Gericht habe jedoch versäumt, den entsprechenden Beschluss auch zu verkünden, argumentierte Kanert. Also müsse der Fall erneut verhandelt werden, und das dann ergehende Urteil sei öffentlich zu verlesen. Mit der Berufung versuchte Heinz Kanert also, das Klassenbewusstsein von Werner Sibilski publik zu machen, um so das Gericht zu einem noch milderen Urteil zu bewegen. Aber vergebens. Mit einer zynischen Begründung wurde die Berufung abgewiesen: »Laut Protokoll ist die Öffentlichkeit hergestellt worden, ob dies auch verkündet wurde, ist nicht feststellbar. Gleichwohl beruht das Urteil nicht auf diesem Mangel, da kein Bürger Einlaß begehrte.«[25]

Dass tatsächlich niemand vor der Tür des Gerichtssaales auf die Urteilsverkündung wartete, dafür hatte das Ministerium für Staatssicherheit schon gesorgt. Der Gerichtstermin war kurzfristig vorverlegt worden, und nur die Prozessbeteiligten wussten davon, dass überhaupt verhandelt wurde.[26] Dabei war es der Staatssicherheit gar nicht darum gegangen, die eigene werktätige Bevölkerung von der Hauptverhandlung fernzuhalten. Die Maßnahme galt einer zweiten Person, die bereit war, Werner Sibilski zu verteidigen – auf andere, aber ebenso couragierte Weise, wie Heinz Kanert es versucht hat.

Nachdem sie von Werners zweitem Mauersprung gehört hatte, war Regine Bauer sofort nach Ost-Berlin gefahren, um ihrem Freund beizustehen. Mit einiger Hartnäckigkeit hatte sie sich Zugang zum Büro der zuständigen Staatsanwältin verschafft. Im Gespräch mit ihr und einem Mitarbeiter der Staatssicherheit hatte sie noch einmal nachdrücklich betont, dass

»der Beschuldigte seine ungesetzlichen Grenzübertritte nicht durchführte, um gegen die DDR gerichtete Handlungen zu unternehmen«, und auch bestätigt, dass Werner Sibilski nach dem ersten Mauersprung alles unternommen habe, dass die Presseberichte korrigiert würden.[27] Ihren Wunsch, ihn gleich wieder mit nach Hause zu nehmen, hatte man zwar nicht erfüllt, doch besuchen durfte sie ihn. Da hatte Regine dann angekündigt, die Hauptverhandlung nutzen zu wollen, um die Hintergründe des Falles im Westen publik zu machen.

Mit der kurzfristigen Vorverlegung des Gerichtstermins konnte die Staatssicherheit auch diesen unerwünschten Beistand verhindern, und darüber war Regine Bauer mehr als enttäuscht. Mit einem scharf formulierten »Gnadengesuch« machte sie ihrem Ärger Luft:

> *»Es spricht den Vorstellungen des historischen Materialismus Hohn, wenn [das] sozialistische Bewußtsein eines Arbeiters (das richtige Bewußtsein!) durch ein unglaubliches Terrorurteil, das zudem infolge angeblicher ›Gefährdung der Staatssicherheit‹ unter Ausschluß der Öffentlichkeit erfolgte, bestraft werden soll.«*[28]

Noch einmal besuchte sie die Staatsanwältin, um zu protestieren. Wie könne »ein Gericht eines Arbeiterstaates einen Arbeiter, der seine Straftat spontan und für eine gute Sache begangen habe, zu einer so hohen Strafe verurteilen«?[29] Da dieser Protest ebenfalls erfolglos blieb, begab sie sich zum Besucherbüro des Zentralkomitees und verlangte, ein Mitglied des höchsten Parteiorgans der SED zu sprechen. Als auch das verweigert wurde, warf sie in ihrer Verzweiflung eine gläserne Eingangstür des Staatsratsgebäudes ein. Gegen Regine Bauer wurde eine Einreisesperre verhängt, und fortan durfte sie Ost-Berlin nicht mehr betreten.

Wenn die Staatssicherheit jedoch gehofft haben sollte, die

Sache hätte sich damit erledigt, hatte sie die Beharrlichkeit der ehemaligen Hausbesetzerin unterschätzt. In den Monaten nach dem Gerichtsurteil ließ sie nichts unversucht, um auf das Schicksal des Kreuzberger Bauarbeiters aufmerksam zu machen. Mit zahlreichen Briefen erinnerte sie den Regierenden Bürgermeister von Berlin, die Generalstaatsanwaltschaft und den Ministerrat der DDR sowie den Bundesminister für besondere Aufgaben, Egon Bahr, an den in ihren Augen unschuldig Inhaftierten.[30] Für seine Freiheit war sie sogar bereit, noch mehr zu tun. Am 21. Dezember 1973 wurde Regine Bauer verhaftet, nachdem sie an der Nordseite des Mariannenplatzes über die Mauer in den Osten geklettert war. In einer Presseerklärung hatte sie ihren eigenen Mauersprung angekündigt und noch einmal darauf hingewiesen, dass Werner Sibilski den seinen nur unternommen habe, weil er »in der DDR unsere gemeinsamen sozialistischen Interessen vertreten wollte«.[31]

Allmählich hatte man bei der Staatssicherheit genug von Kreuzberger Sozialisten, die der DDR unbedingt Beistand leisten wollten. Am ersten Weihnachtsfeiertag wurde Regine Bauer nach West-Berlin zurückgeführt. Im Frühjahr 1974 durfte schließlich auch Werner Sibilski das Gefängnis verlassen; die Hälfte seiner Haftstrafe hatte er zu dem Zeitpunkt verbüßt.[32] Genutzt hatte sein politisches Engagement leider nichts: An der Mauer wurde weiter geschossen, und für Familie Sibilski war die Wohnung immer noch viel zu klein.

Frohnau/Stolpe-Dorf

Heimweh

Berthold Brandt war, wie 17-Jährige nun mal so sind: langhaarig und übermütig! Tagsüber fuhr er mit seinem Motorrad spazieren, abends machte er die Gegend unsicher und betrank sich regelmäßig mit seinen Jungs. Er hatte sogar eine Freundin, auch wenn die etwas weit weg wohnte. Wenn er zu Hause war – und das war selten –, hörte er gerne Radio Luxemburg. Für die »Beatmusik« hatten seine Eltern natürlich kein Verständnis, und sein Vater schaltete den Apparat dann einfach aus. Glücklicherweise war der Vater aber kaum da.

Eigentlich war alles ganz normal, und Berthold hätte glücklich sein können, wäre da nicht der gemeinsame Umzug nach Ferdinandshof gewesen. Nicht etwa, dass in Burg Stargard viel mehr los gewesen wäre, aber hatten seine Eltern wirklich in diese Einöde ziehen müssen, nur damit Vater die Stelle des Produktionsleiters in der Molkereigenossenschaft bekam? Hätte er als Parteisekretär nicht eine bessere Arbeit an einem aufregenderen Ort finden können? Mutter arbeitete nun auch ganztags, in der Eierproduktion. Keiner kümmerte sich also richtig um ihn, und das gerade jetzt, wo er doch so unglücklich war. Dabei hätte Berthold sich nicht unbedingt mehr elterliche Fürsorge gewünscht. Welcher 17-Jährige tut das schon? Umso weniger, als ihm sein Vater vor einigen Monaten seine langen Haare einfach abgeschnitten hatte. »Ich halt es nicht mehr aus zu Hause«, hatte er daraufhin seinen Eltern klargemacht.[1]

Etwas später hatte er gehofft, mit der Lehre zum Baufacharbeiter werde nun alles besser. Die Schule beendet und endlich weg von den Eltern! In Neubrandenburg war er ja fast wieder am alten Wohnort, zumindest kannte er noch einige Jungs aus der Zeit in Burg Stargard. Aber im Lehrlingsheim war es langweilig, und ohne Geld konnte man auch in der Stadt wenig anderes anstellen, als die Abende vor der Kaufhalle zu verbringen, eine oder auch mehrere Flaschen Bier zu trinken und der Musik aus dem Kofferradio zu lauschen. Zum Glück war wenigstens die Lehre nicht schlecht. Die Arbeit im Wohnungsbaukombinat machte sogar Spaß, und Berthold stellte sich gar nicht ungeschickt an. Nur der theoretische Unterricht in der Betriebsberufschule »A. S. Makarenko« war grauenhaft. Für Politik hatte er sich nie interessiert. FDJler war er bloß geworden, damit sie ihn in der Gesellschaft für Sport und Technik Motorradrennen fahren ließen.

Und dann der Ausraster im Oktober. Was hatte er sich nur dabei gedacht? Fußball interessierte ihn doch gar nicht. Aber als er nach der üblichen Zecherei wieder ins Lehrlingsheim gekommen war, hatte einer aus dem Fernsehraum gerufen, dass Dresden 3:2 gegen die Bayern führte. Die Westdeutschen gewannen schließlich 4:3, aber das hatte Berthold nicht mehr mitbekommen. Irgendwie hatte dieser Zwischenstand ihn rasend gemacht. Was danach geschah, daran erinnerte er sich nicht mehr so genau. Später erzählte man, er habe mit einer Brauseflasche die Fensterscheiben im Waschraum eingeschlagen, sei dann auf sein Zimmer gerannt und habe dort einen Stuhl und den Schrank demoliert. Daraufhin sei er durchs Fenster gestiegen und am Blitzableiter hinuntergeklettert.

Mit der Bahn war Berthold nach Oranienburg, mit der S-Bahn weiter nach Berlin gefahren. Von dort per Anhalter nach Süden. Einen genauen Plan hatte er nicht gehabt, eher eine vage Idee: erst illegal über die Grenze in die ČSSR und dann von dort nach Westdeutschland. Schon im Spreewald ging ihm das Geld aus, und die Lust hatte er auch verloren. In Lübben stellte er sich dann der Volkspolizei, und die übergab ihn der Jugendhilfe, die ihn wieder nach Hause bringen ließ. Aber nicht einfach mit der Bahn. Nein, sie mussten ihn unbedingt in ein Taxi setzen. Das muss man sich mal vorstellen: von Lübben/Spreewald nach Ferdinandshof/Uckermark im Taxi! Das hatte er nun von dem ganzen Unsinn: 331 Mark Schulden.

Inzwischen lag der Vorfall zwar schon fast ein halbes Jahr zurück, aber wie sollte er die Schulden je abbezahlen, wo er doch im Monat nur 60 Mark Lehrlingsgeld bekam? Vor zwei Wochen hatte die Kripo ihn dann auch noch vor die Konfliktkommission des Wohnungsbaukombinats zitiert. Alle Kollegen, der FDJ-Sekretär, der Obermeister, der Heimleiter und sogar seine Eltern, sie alle redeten und redeten über ihn. Am Ende ging es glimpflich aus: eine strenge Rüge. Man hätte ihn wahrscheinlich rausgeworfen, wenn der Lehrobermeister ihn nicht als einen seiner besten Lehrlinge bezeichnet hätte oder wenn die Lehrlingsbrigade sich geweigert hätte, für Berthold zu bürgen. Sein Schuldenberg aber, der war erneut gewachsen: 85 Mark Schadensersatz musste er nun zusätzlich abstottern.[2]

Bertholds Stimmung war also auf dem Tiefpunkt in diesem März des Jahres 1974. Nur die gelegentlichen Besuche bei seiner Freundin Monika in Hennigsdorf versprachen etwas Aufheiterung. Und dieses Wochenende war es wieder einmal so weit. Sie wollten tanzen gehen. Monika hatte gehört, dass am Samstag in der »Krummen Linde« in Stolpe-Dorf Reiterball war. Gegen sieben Uhr abends fuhren die beiden mit dem Bus dorthin, haben dann aber doch eher wenig getanzt und dafür mehr getrunken. Als die »Krumme Linde« um ein Uhr morgens schloss, hatten sie den letzten Bus nach Hennigsdorf verpasst, aber die paar Kilometer konnte man ja laufen. Ende März war es schon noch etwas kühl, aber der Alkohol wärmte von innen, und außerdem hatte Berthold vorsorglich den dicken rot-weiß-blauen Pullover angezogen. Nach zwei oder drei Kilometern fing Monika plötzlich an zu meckern: Er solle doch mal schneller laufen, und überhaupt habe er ja wohl viel zu viel getrunken. Berthold trödelte hinterher. Das konnte er nun wirklich nicht brauchen: die Schulden, das ständige Gemeckere der Eltern, der Ärger im Wohnheim und nun also auch noch Stress mit der Freundin. Ein Wort ergab das andere, und die beiden trennten sich im Streit. Wenigstens hatte Monika ihm noch den Wohnungsschlüssel gegeben. Sollte er doch nach Hause kriechen; weg war sie.

Nur 100 Meter weiter stand ein Schild: »Grenzgebiet«. Berthold dachte an seine Schulden und daran, dass ein Leben drüben sicher viel einfacher wäre. Zumindest hatte er gehört, dass jeder DDR-Flüchtling erst einmal 500 Westmark bekäme. Kurz entschlossen lief er durch das kleine Waldstück und kam zum ersten Zaun. Er kletterte einfach drüber. Dann sah er plötzlich das Auto der Grenzsoldaten kommen und warf sich flach auf die Erde. Glück gehabt! Sie hatten ihn nicht bemerkt. Also rannte er weiter. Drei Minuten und zwei Zäune später war er auf dem Friedhof Frohnau. In West-Berlin.[3]

Am nächsten Vormittag ermittelte die kriminaltechnische Abteilung der Volkspolizei Oranienburg die genauen Umstände des Grenzdurchbruchs:

> *»Der Täter gelangte von der Betonstraße zwischen Stolpe und Hennigsdorf aus zum 2. Kontrollstreifen. Den davorliegenden Zaun überwand er durch überklettern. Den folgenden Zaun durchkroch er, indem er die Alarmdrähte auseinanderbog und dabei die Alarmanlage auslöste. Von hier aus begab er sich zum ersten Kontrollstreifen. Hier kroch er durch den Maschen- und Stacheldraht. Den Kontrollstreifen überwand er seitlich kriechend. Die am Streckmetallzaunpfeiler befindlichen herausragenden Schrauben benutzte er als Halt beim Überklettern. Am Stacheldraht wurden blaue und rote Faserspuren im Original gesichert. Vor dem Streckmetallzaun wurde eine Schuhabdruckspur im Gips-Naß-Verfahren gesichert.«*[4]

Während die Kriminalpolizei noch weitgehend im Dunkeln tappte, schlief Berthold erst einmal ordentlich aus. Das hatte er auch nötig, denn beinahe wäre in der Nacht dann doch noch alles schiefgegangen. Vom Friedhof Frohnau war er entlang der Mauer bis zum Bahnhof Heiligensee gelaufen und dort völlig erschöpft in eine S-Bahn gestiegen. In dem warmen Zug blieb er erst einmal bis zur Endhaltestelle sitzen. Dort ausgestiegen, hatte er dann einen jungen Mann gefragt, wo er denn sei. Der hatte gesagt: in Ost-Berlin, Bahnhof Friedrichstraße. Glücklicherweise war er auf dem sogenannten Westbahnsteig des Grenzübergangs. Als er schließlich dem jungen Mann die ganze Geschichte erzählte, nahm der ihn mit zu sich nach Hause und ließ ihn den nächsten Tag durchschlafen. Danach, so meinte der 25-jährige Versicherungsangestellte, müsse er sich aber doch bei der Polizei melden, was Berthold auch tat. Nach einer kurzen Vernehmung brachten die Beamten ihn dann ins Notaufnahmelager Marienfelde, wo ihm ein Zimmer zugewiesen wurde. Dann kam die übliche Runde durch die sogenannten Sichtungsstellen der drei Westalliierten. Hier wurde er zu den Grenzanlagen und zu anderen DDR-Besonderheiten befragt. Danach besuchte er einige Gaststätten und sah sich die Schaufenster der Geschäfte an.[5]

Berthold war jetzt ausgenüchtert – und enttäuscht war er auch. Statt der erwarteten Reichtümer hatte man ihm nur ein paar Kleidungsstücke und 20 Mark Taschengeld gegeben. Außerdem hatte er Heimweh, sehnte sich nach Monika und machte sich nun sogar Sorgen, was seinen Eltern wohl drohte, sobald seine Republikflucht bekannt wurde. Im Lehrlingsheim würde seine Abwesenheit natürlich schon bemerkt worden sein, aber da war er ja bekannt für seine Eskapaden. An der Grenze selbst hatte ihn dagegen niemand gesehen; da war er sich sicher. Langsam reifte der Entschluss: Er musste auf dem gleichen Weg wieder zurück, damit keiner merkte, dass er »rübergemacht« hatte.[6] Drei Tage nach seiner Flucht in den Westen versuchte

Berthold an derselben Stelle in Frohnau zurückzuklettern. Der Grenzsoldat, der ihn dabei erwischte, lud seine Maschinenpistole durch und forderte ihn auf, sofort wieder auf West-Berliner Gebiet zurückzukehren. Aber Berthold wollte nur nach Hause; also erzählte er alles.[7]

Selbst wenn sein Versuch des illegalen »Grenzdurchbruchs WB–DDR« erfolgreich gewesen wäre, hätten sie Berthold auf jeden Fall erwischt. Denn zum Zeitpunkt seines Rückkehrversuchs hatten die zuständigen Behörden der Volkspolizei und des Staatssicherheitsdienstes die Identität des zunächst unbekannten Republikflüchtlings bereits ermittelt. Geholfen hatte ihnen dabei ausgerechnet Monika, wenngleich ohne böse Absicht. Zu Hause in Hennigsdorf angekommen, hatte sie sich dann doch Sorgen gemacht, dass Berthold möglicherweise nicht zu ihr finden würde. Sie zog sich wärmere Sachen an und wollte ihm gerade ein Stück entgegengehen, da lief sie zwei Volkspolizisten in die Arme, die sich natürlich sehr für ihre Geschichte interessierten. Die Polizisten fuhren die Betonstraße ab, konnten aber keinen betrunkenen Jugendlichen finden. Als Monika ihren Freund beschreiben sollte, erwähnte sie den blau-rot-weiß gemusterten Pullover, den er getragen hatte. Am nächsten Tag brauchten die Beamten nur eins und eins zusammenzählen. Nachforschungen bei den Eltern und beim Wohnungsbaukombinat erhärteten den Verdacht, und so war Berthold bereits vor seiner Rückkehr zur Fahndung ausgeschrieben.[8]

Wie ging das Ministerium für Staatssicherheit mit jugendlichen Mauerspringern um, die nach einem Kurzaufenthalt in West-Berlin in den Osten zurückkehrten? Berthold Brandts Abenteuer ähnelt den Ausflügen der Kinogänger in Stefan Heyms Erzählung *Mein Richard*. Für diese beiden war es glimpflich ausgegangen: Der eine Richard wurde zur NVA eingezogen, den anderen Richard schickte man auf einen Jugendwerkhof. Das war allerdings kein Vergleich zu dem, was Berthold Brandt nun blühte.

Das Beweisstück, das den Unterschied zwischen den beiden Fällen ausmachte, das hatte Berthold dummerweise noch in der Hosentasche, als er vom Friedhof Frohnau aus über den Streckmetallzaun kletterte. Es war der Laufzettel des Notaufnahmelagers Marienfelde und darauf drei kleine Stempelabdrucke: »US« in blau; »B.M.G. 6« in grün und »F.S. 1« in rot.[9] Die Bedeutung dieser Stempel war der Staatssicherheit klar. Berthold Brandt hatte im Notaufnahmelager alle drei Sichtungsstellen durchlaufen. Im Sinne der »Gemeinsamen Anweisung des Generalstaatsanwalts der DDR und des Ministers des Innern und Chefs der Volkspolizei über die Bekämpfung von Angriffen gegen die Staatsgrenze der DDR« vom 18. April 1973 handelte es sich bei dem Laufzettel um ein Schriftstück, aus dem zu schließen war, »daß die Person Verbindung zu feindlichen Organisationen, Einrichtungen oder Personen unterhält«, und dies bedeutete die unverzügliche Verhaftung und sofortige Einleitung eines Ermittlungsverfahrens.[10]

Die Stasi misstraute Rückkehrern ganz generell; auch solchen, die den regulären Weg der Einreise über eine der Grenzübergangsstellen nahmen. Besonders wachsam war man denjenigen gegenüber, die bei ihrem Westaufenthalt Kontakt zu feindlichen Geheimdiensten gehabt hatten. Hier galt es einerseits, herauszufinden, ob in den Gesprächen Geheimnisse verraten worden waren. Andererseits musste natürlich auch sichergestellt werden, dass diese Leute nicht etwa von den Westagenten mit einem Spionageauftrag zurückgeschickt worden waren. Wenn schon mit »legalen« Rückkehrern so umzugehen war, wie viel schwerer wog da der Spionageverdacht erst bei jemandem, der versuchte, die DDR unbemerkt zu verlassen und nach kurzer Zeit ebenso unbemerkt zurückzukehren?

Bei Berthold Brandt wurden nun also schwere Geschütze aufgefahren. Obwohl zunächst nur ein Ermittlungsverfahren wegen ungesetzlichen Grenzübertritts nach § 213 StGB der DDR eingeleitet wurde, war die zuständige Hauptabteilung IX des

MfS entschlossen, die Untersuchung des Falles auszuweiten und Berthold der Spionage nach § 97 StGB zu überführen. Dafür wurde zunächst ein detaillierter Untersuchungsplan erstellt, in dem die Ermittlungsrichtung eindeutig vorgegeben war. Was die Stasi nun beweisen wollte, ist dort bereits als »Grundsätzliche Version« ausgeführt:

> *»Grundsätzliche Version:*
> *Der Beschuldigte entschloss sich auf Grund seiner ablehnenden Haltung zu Teilbereichen der sozialistischen Entwicklung der DDR zum ungesetzlichen Verlassen der DDR. Nach Verwirklichung seines Vorhabens trat er in WB mit imperialistischen Geheimdienststellen in Verbindung, sagte über ihm bekannte geheimzuhaltende Tatsachen aus und kehrte im Auftrag dieser Geheimdienststellen wieder in die DDR zurück.«*[11]

Um den erstgenannten Verdacht der ablehnenden Haltung gegenüber der sozialistischen Entwicklung zu erhärten, durchsuchten die Ermittler das Haus der Eltern und auch sein Zimmer im Lehrlingsheim. Doch der ganze Aufwand war umsonst. Belastendes Material, das auf eine DDR-feindliche Gesinnung hingewiesen hätte, war nicht zu finden. Um nicht mit leeren Händen zurückzukommen, beschlagnahmten die Beamten diverse »verdächtige« Gegenstände, u. a. einige Ausgaben der Zeitschrift *Wild und Hund* des Jahrgangs 1940/41, eine Postkarte der Olympischen Spiele 1936, ein Koppelschloss aus dem Dritten Reich, eine Schachtel Kleinkalibermunition sowie einige Aktaufnahmen von Bertholds Mutter.[12] Boden gewann man in den Ermittlungen dadurch allerdings nicht. In der Vernehmung der Eltern wurde klar, dass keiner der beschlagnahmten Gegenstände wirklich auf eine faschistische Gesinnung oder Ähnliches schließen ließ. Außerdem gehörten bis auf das Koppelschloss die beschlagnahmten Gegenstände gar nicht Berthold, sondern seinem Vater. Mit etwas Mühe konnte der die Vernehmungsleiter von seiner Harmlosigkeit überzeugen.[13]

Auch die »Einschätzungen der Persönlichkeit des Beschuldigten«, die vom Rat der Gemeinde Ferdinandshof, von der Jugendhilfe in Neubrandenburg sowie vom Wohnungsbaukombinat eingeholt wurden, brachten nicht den gewünschten Ermittlungserfolg.[14] Berthold wurde darin zwar als Rowdy bezeichnet und als jemand, der schlechten Umgang pflegte und häufig die Kontrolle verlor, wenn er getrunken hatte. Aber das alles wurde genauso wie die Verschlechterung der schulischen Leistungen auf allgemeine Vernachlässigung und mangelhafte Erziehung durch die Eltern zurückgeführt. Der einzige Hinweis, der sich indirekt auf seine Haltung zur DDR bezog, findet sich in der Einschätzung des Rates der Gemeinde Ferdinandshof:

> *»Bei gesellschaftlichen und politischen Höhepunkten in der Gemeinde nahm er schon während seiner Schulzeit eine negative Grundhaltung ein, die bei ihm besonders kraß im angetrunkenen Zustand festzustellen war, und mußte aus diesem Grunde mehrmals aus Veranstaltungen verwiesen werden.«*[15]

Abgesehen von diesem einen Satz deckten sich die offiziellen Einschätzungen aber weitgehend mit jenem undatierten Brief, den Berthold seinen Eltern einmal auf den Küchentisch gelegt hatte und aus dem nicht viel mehr hervorgeht, als dass der Jugendliche sehr unglücklich war.[16] Einen kleinen Erfolg konnten die Ermittler aber dennoch vorweisen. In der Persönlichkeitseinschätzung der Jugendhilfe hieß es nämlich über Berthold: »Durch die erzieherische Beeinflussung in Elternhaus, Schule und Lehrbetrieb wurden ihm die Normen vermittelt, die zu einem gesellschaftsmäßigen Verhalten notwendig sind.« Damit hatte das MfS zumindest eine Frage zur Zufriedenheit geklärt: Dieser Satz belegte, dass der Jugendliche schuldfähig war.[17]

In seinem zweiten Verhör, acht Tage nach der Festnahme, gab Berthold dann schließlich doch entscheidende Hinweise auf seine »negative Haltung« gegenüber der DDR. Die Musik, die sie in den »kapitalistischen Rundfunksendern« brachten, klinge in seinen Ohren einfach besser als die sozialistischen Schlagerproduktionen. Außerdem habe er durch Werbung den Eindruck gewonnen, das Warenangebot sei im Westen üppiger. Ob diese Einlassungen aber zu einer Verurteilung führen würden? Sicherheitshalber legte der Protokollant ihm noch einige deutlichere Aussagen in den Mund. Besondere Mühe hat sich der Stasioffizier in der Wahl dieser Worte allerdings nicht gegeben, wenn man Ermittlungsziel und Ermittlungsergebnis nebeneinanderstellt:

Im zuvor verfassten Untersuchungsplan finden sich die zwei »zu prüfenden Versionen« im Untersuchungskomplex »Persönlichkeitsbild des Beschuldigten«:

> *»1. Der Beschuldigte hat aufgrund verschiedener Einflüsse eine ablehnende Haltung zu Teilbereichen der sozialistischen Entwicklung in der DDR.*
> *2. Er ist von westlichen Lebensverhältnissen eingenommen und entschloß sich deshalb, die DDR ungesetzlich zu verlassen.«*[18]

Im Protokoll der späteren Vernehmung wird Berthold dann wie folgt wiedergegeben: »Der Grund für mein ungesetzliches Verlassen der DDR nach Westberlin [war] meine ablehnende Haltung zu Teilbereichen der sozialistischen Entwicklung in der DDR.«[19]

Eine erstaunliche Wortwahl für einen 17-jährigen Rowdy, doch das war dem MfS-Mitarbeiter wohl einerlei, denn nun konnte er im Untersuchungsplan vermerken: »Version bestätigt!«[20]

Das Motiv war also geklärt, und den zweifachen illegalen

Grenzübertritt konnte man ohnehin leicht belegen. Beweismaterial gab es mehr als genug: die Faserspuren, den Schuhabdruck, zwei Fahrscheine der West-Berliner Verkehrsbetriebe, einen Gesundheitspass für Flüchtlinge sowie den Laufzettel aus Marienfelde. Aber wie verhielt es sich mit dem Spionagevorwurf? Schon in der ersten Vernehmung, die fast zwei volle Tage dauerte, wurde Berthold eingehend zu seinen Unterhaltungen in Marienfelde befragt. Wie seine Gegenüber ausgesehen hatten, ob Militärangehörige oder Dolmetscher dabei gewesen seien, wie die Diensträumlichkeiten ausgestattet waren, ob man ihm etwas angeboten habe und welche Fragen die Geheimdienstagenten gestellt hatten. Vor allem aber: Was habe er den Briten, Amerikanern und Franzosen denn nun eigentlich erzählt? Berthold gab bereitwillig Auskunft: In allen drei Sichtungsstellen habe man sich natürlich zunächst für die Umstände seiner Flucht und besonders für die Beschaffenheit der Grenzanlagen interessiert. Bei den Amerikanern und den Franzosen sei er darüber hinaus aber noch zu seinen Kenntnissen über militärische Anlagen in der DDR befragt worden. Und da habe er ein bisschen angegeben. Irgendwer hatte ihm vorher erzählt, dass man in den Sichtungsstellen für derartige Informationen Vergünstigungen oder gar Geld bekäme; deshalb habe er angefangen zu plaudern: über die Flugzeuge in Trollenhagen, die er vom Fenster seines Wohnheimzimmers aus hatte starten und landen sehen, über die NVA-Kaserne Fünfeichen, an der er regelmäßig mit seinem Motorrad vorbeigefahren war, obwohl er genau wusste, dass dies Sperrgebiet sei. Und dann kannte er ja noch das neue NVA-Objekt Basepohl. Hier hatte die Wohnungsbaubrigade erst im Februar den Innenausbau der Mannschaftsquartiere vorgenommen, und so habe er den Franzosen den genauen Standort auf einer Karte zeigen können.[21]

In den Verhören über die Sichtungsstellen hat sich Berthold um Kopf und Kragen geredet – denn hier erfuhren die MfS-Mitarbeiter alles, was sie für die Ausweitung der Anklage brauchten. Nach weiteren mehrtägigen Vernehmungen zu den Vorgängen in Marienfelde glaubten sie Berthold zwar endlich, dass er keine Vergünstigungen oder weitergehenden Aufträge erhalten habe. Der Spionagevorwurf wurde fallenlassen, aber zu einer Anklage gemäß § 98 StGB »Sammlung von Nachrichten« reichte es allemal. Am 25. Juli 1974 wurde Berthold Brandt vom Kreisgericht Potsdam zu drei Jahren Freiheitsentzug im »strengen Vollzug« verurteilt.[22]

Die Geschichte von Berthold Brandt zeigt die kompromisslose Härte, mit der die Staatssicherheit diejenigen verfolgte, die sie als Verräter ausgemacht hatte. Eventuelle Widersprüche in der Beweislage wurden ignoriert, damit das Ermittlungsergebnis auch dem vorab festgelegten Ziel entsprach. Das Gerichtsurteil war ohnehin nur eine Formalität, sodass die Staatssicherheit das weitere Schicksal des Mauerspringers ganz unmittelbar bestimmen konnte. Wie am Fall des vermeintlichen Springer-Spions Eckhard Berger bereits deutlich geworden ist, dienten solche »Erfolge im geheimdienstlichen Abwehrkampf« oft dazu, ein Bedrohungsszenario aufrechtzuerhalten und die Position der Staatssicherheit zu festigen. Doch bei dem jungen Bauarbeiterlehrling ging es offensichtlich um etwas ganz anderes, denn hier hatte die Staatssicherheit es vorgezogen, möglichst wenig Aufsehen zu erregen. Die Gerichtsverhandlung wurde unter Ausschluss der Öffentlichkeit geführt – es gab keine Pressemeldungen, und auch die Staats- und Parteiführung wurde nicht gesondert über den Vorfall informiert. Mit der Verurteilung des 17-Jährigen verfolgte die Staatssicherheit weder ein politisches noch ein propagandistisches Ziel. Hier ging es um mehr als die Bestrafung einer versuchten Republikflucht. Die Staatssicherheit wollte vielmehr Vergeltung üben, weil dem Angeklagten diese Flucht zunächst sogar gelungen war. Und hierfür war man durchaus bereit, jegliche Verhältnismäßigkeit über Bord zu werfen, denn angesichts des Schadens, der durch den vermeintlichen Verrat entstanden sein dürfte, war die dreijährige Haftstrafe völlig überzogen. In der Urteilsbegründung wurde darauf verwiesen, dass der Beschuldigte Informationen über militärische Anlagen gesammelt habe, um diese an »imperialistische Geheimdienste« weiterzugeben. Genauer ausgeführt wurde dies nicht, das wäre selbst der Staatssicherheit zu peinlich gewesen. Denn was hatte der unglückliche Bauarbeiterlehrling tatsächlich verraten? Dass in Trollenhagen über 200 MiG-Kampfjets stationiert waren (die Zahl hatte Berthold sich ausgedacht, tatsächlich umfasste das Jagdgeschwader »Juri Gagarin« nur rund 50 Maschinen), dass die drei Lastwagentypen, die er in Fünfeichen gesehen hatte, zu den Mot.-Schützen gehörten (Fünfeichen war jedoch Standort eines Nachrichtenregiments) und schließlich, dass auch Basepohl für die motorisierte Infanterie gebaut wurde (tatsächlich sollte dort ein Hubschraubergeschwader stationiert werden). Sie hätten Berthold sogar dankbar sein sollen für die Desinformation der »imperialistischen Geheimdienste«. Eine einzige korrekte und verwertbare Information hatte der junge Mann aber doch verraten: Der Feind kannte nun die genaue Lage der Küche im Wirtschaftsgebäude von Basepohl. Da war sich Berthold ganz sicher gewesen, diese Zwischenwände hatte er ja eigenhändig gemauert![23]

Zwei Jahre musste Berthold Brandt im strengen Vollzug verbüßen, bevor man ihn auf eigenen Antrag am 26. April 1976 aus der DDR-Staatsbürgerschaft entlassen und in den Westen ausweisen sollte. Zuvor hatte Rechtsanwalt Dr. Wolfgang Vogel den 19-jährigen Häftling der Bundesrepublik zum Freikauf angeboten, doch dort war man nicht bereit gewesen, für den Mauerspringer zu bezahlen.[24] Man könne ja nicht wissen, ob er es sich nicht doch wieder anders überlegte. Diese Zweifel waren jedoch unangebracht. In der Haftanstalt hatte sich bei Berthold Brandt nun in der Tat eine »ablehnende Haltung zur sozialistischen Entwicklung in der DDR« herausgebildet. Und diese galt nicht mehr nur der Schlagerproduktion.[25]

Linden-, Ecke Zimmerstraße, Kreuzberg/Mitte, 1979

Liebe

Welche Stelle wird wohl das größte Aufsehen erregen? Denk nach, Udo! Vielleicht in der Lindenstraße, dort, wo die Mauer sie trennt, in ihren längeren Kreuzberger Teil und den kurzen nördlichen Abschnitt in Mitte? Ja, es ist entschieden. Nur noch das Bier austrinken, anrufen und dann auf in die Lindenstraße. Dort angekommen, nimmt er Anlauf, springt, zieht sich hoch und bleibt erst einmal für längere Zeit oben sitzen. Das Publikum soll ja auf seine Kosten kommen an diesem Frühsommertag. Um genau 14.30 Uhr springt Udo Cürsgen schließlich auf der anderen Seite hinunter in den Todesstreifen. Rund sechzig Personen schauen gebannt zu. Sie haben sich beim nahegelegenen Springer-Hochhaus auf einer Laderampe versammelt, um besser sehen zu können. Fotos und sogar Filmaufnahmen werden gemacht. Nach dem Absprung ist das weitere Geschehen zwar spektakulär, aber nur von kurzer Dauer. Cürsgen wird sofort von zwei Grenzsoldaten gestellt und abgeführt. Mit ihren Maschinenpistolen im Anschlag treiben die Grenzer den 25-Jährigen im Laufschritt aus dem Blickfeld der westlichen Beobachter.[1]

Der junge Transportarbeiter hatte einen wirklich guten Grund für den Mauersprung, und der hieß Inge – seine Verlobte in Ost-Berlin. Die Beziehung der beiden hatte sieben Jahre zuvor mit einer Brieffreundschaft begonnen, da hatte er noch in Niedersachsen und sie in Köthen in der Nähe von Dessau gewohnt. Rasch hatte sich aus dem postalischen Kontakt die große Liebe entwickelt, aber für diese Liebe waren Udos unregelmäßige Besuche in Köthen viel zu kurz. Später dann ist er mit seinen Eltern nach West-Berlin gezogen, und Inge hatte dafür gesorgt, dass sie eine Stelle in Ost-Berlin zugewiesen bekam. Das Praktikum im dortigen Wasserwerk war Teil ihres Ingenieurstudiums, das sie in Magdeburg absolvierte. Nun konnten sie sich häufiger treffen, wenn auch nur tagsüber. Aber auch das konnte kein Zustand auf Dauer sein. Die beiden waren fest entschlossen, zu heiraten und gemeinsam im Westen zu leben. Aber die DDR-Behörden wollten dem jungen Paar diesen Gefallen nicht tun. Ganz im Gegenteil.

Am Morgen nach dem Mauersprung, dem 23. Juni 1976, konnten die West-Berliner Zeitungen dann Näheres zu den Hintergründen berichten:[2] Von Udos Familienangehörigen hatten die Journalisten erfahren, dass die Ausreiseanträge der jungen Frau stets abgelehnt worden waren. Und das war längst nicht alles. Nur wegen der Liebe zu Udo und des Herzenswunsches, mit ihm zusammenzuleben, sei sie ständigen Repressalien ausgesetzt gewesen; die Volkspolizei habe sie drangsaliert, und man habe sie gezwungen, das Studium der Wasserwirtschaft abzubrechen. Kurz vor Udos aufsehenerregender Verzweiflungstat sei ihr dann auch noch die Wohnung in Berlin gekündigt worden. Und nun habe Udo mit seinem Sprung über die Mauer die DDR-Behörden wohl unter Druck setzen wollen, Inge endlich ausreisen zu lassen.

Udo Cürsgens Mauersprung ist nicht allein des Motivs wegen bemerkenswert. Das Besondere an dieser Geschichte ist vor allem ihr Happyend: Ganz ohne Gerichtsverfahren wurde Udo Cürsgen schon am nächsten Tag wieder nach West-Berlin abgeschoben. Nur zehn Wochen später genehmigten die DDR-Behörden Inges Antrag, und sie durfte ausreisen. Die beiden konnten endlich heiraten. Gerade wegen des glücklichen Ausgangs eignete sich das Abenteuer des jungen Paars ganz vortrefflich für Bildreportagen in Boulevardzeitschriften. Fotogen waren die beiden obendrein, und so konnte neben den westdeutschen Illustrierten *Quick* und *Bunte* sogar die französische *Paris Match* ihren Lesern die Unmenschlichkeit der deutschen Teilung nahebringen, ohne damit in Wartezimmern und Frisörsalons gleich Depressionen auszulösen: »Ein Märchen aus dem zweigeteilten Deutschland«, in welchem »l'amour a été plus fort que le Mur!«.[3]

Aber nur die Wochenzeitung *Die Zeit* stellte die entscheidende Frage: Warum hatte das DDR-Regime in diesem Fall so menschlich reagiert?[4] Die Geschichte sei nur vor dem Hintergrund der deutsch-deutschen Verständigungspolitik überhaupt zu verstehen. Seit den Ostverträgen und vor allem seit der Schlussakte von Helsinki im August 1975 hätten viele tausend DDR-Bürger die legale Ausreise beantragt, und nicht wenige Anträge seien auch genehmigt worden. Diese Entwicklung sei allerdings in der Öffentlichkeit nahezu unbemerkt geblieben, unter anderem, weil sich die westdeutschen Journalisten in Zurückhaltung geübt hätten:

> *»Wir scheuen uns, über Leute zu schreiben, die ganz normal aus der DDR in den Westen umziehen dürfen, weil wir uns noch zu gut daran erinnern, wie das mal war, als bestimmte Presseorgane Fluchtwege veröffentlichten, die dann immer sofort geschlossen wurden. Wir haben Angst, daß, wenn wir über den Spalt der Tür schreiben, den die DDR in den letzten Jahren geöffnet hat, sie ihn wieder schließt. Immerhin kann die DDR da – schon aus Selbsterhaltungstrieb – keine Werbung wollen.«*

Die Autorin des *Zeit*-Artikels wollte ihrerseits nun auch nicht dafür werben, wohl aber »über Fortschritte berichten, wo es Fortschritte gibt«. Ungetrübt seien diese jedoch keineswegs, denn gerade am Beispiel von Inge Schlie könne man die Diskriminierungen und Anfeindungen ablesen, denen die Ausreiseantragsteller ausgesetzt seien. »Es gehört eine Menge Mut zu diesem Schritt«, vor allem weil der Ausgang bis zum Schluss ungewiss bleibe:

> *»Ein System, wonach ein Antrag genehmigt oder abgelehnt, schnell oder langsam bearbeitet wird, ist nicht zu erkennen. DDR-Bewohner behaupten, es gäbe gar kein System. Es sei einzig der Schlamperei ihrer Bürokratie zuzuschreiben, wenn es bei dem einen schnell geht, bei dem anderen langsam, bei einem glatt, bei einem anderen gar nicht.«*

Hatte Udos Mauersprung vielleicht dieser »schlampigen« Bürokratie einfach etwas Dampf gemacht? Zumindest Inge Schlie sei sich nach ihrer Ankunft in West-Berlin nicht sicher gewesen, »ob man sie ohne das Brimborium, das ihr Verlobter veranstaltet hat […], wirklich hätte gehen lassen«.

Was aber hatte das »Brimborium« nun tatsächlich bewirkt? Es war der Stasichef Erich Mielke höchstselbst, der die unverzügliche Rückführung des Mauerspringers Cürsgen angeordnet hatte.[5] Bei dieser Entscheidung war die West-Berliner Presseberichterstattung in der Tat ausschlaggebend. Nach den gültigen Dienstvorschriften hätten seine Untergebenen eigentlich ein Ermittlungsverfahren gegen Udo Cürsgen einleiten müssen. Und nach der eigenen Handlungslogik, wie sie sich etwa im Fall von Eckhard Berger gezeigt hatte, hätte am Ende des Verfahrens dann die Verurteilung zu einer längeren Freiheitsstrafe stehen müssen. Denn der Fall Cürsgen vereinte alles, was eine »organisierte Grenzprovokation« ausmachte: Obwohl er es zunächst als spontane Verzweiflungstat darstellen wollte, gab Udo in den Vernehmungen dann doch zu, dass er vor seinem Mauersprung den Springer-Verlag angerufen hatte.[6] Der Redaktion der *B.Z.* hatte er Ort und Zeit angekündigt und auch seinen Namen und Adresse genannt, um sichergehen zu können, dass die Protestaktion auch die nötige Aufmerksamkeit erhielt. Das Publikum hatte sich also nicht zufällig dort versammelt. Neben dem ungesetzlichen Grenzübertritt war der DDR-Straftatbestand der »Beihilfe zur staatsfeindlichen Hetze« also allemal erfüllt.

Auch in anderer Hinsicht war Cürsgen kein unbeschriebenes Blatt: Einige Jahre zuvor hatten DDR-Grenzbeamte bei der Einreisekontrolle eines West-Berliner Türken zwei Zettel gefunden. Neben dem Aufdruck »Was trinken wir? Schultheiss Bier« konnte man auf dem einen lesen: »Ich gebe Dir 1000,– DM West, wenn Du mir mein Mädchen aus der DDR bringst! Udo.« Auf dem anderen: Udos voller Name und seine Adresse. Man hätte ihn also ohne weiteres auch des »versuchten Menschenhandels« überführen können.[7]

Die Umstände dieses Mauersprungs sprachen also eindeutig für eine strafrechtliche Verfolgung. Doch wie sollte man mit den »hetzerischen Verleumdungen« der Springer-Zeitungen umgehen? Akribisch versuchten die Stasiermittler zunächst, sie zu entkräften:

»›Berliner Morgenpost‹
›Cürsgen versuchte, sie seit 7 Jahren vergeblich in den Westen zu holen.‹ ›Sie stellte unermüdlich Ausreiseanträge, die stets abgelehnt wurden.‹

> *Überprüfungsergebnis:*
> *Die Schlie stellte am 7.4.1976 mündlich einen Antrag auf legalen Verzug in die BRD. Sie erhielt darauf noch keinen Bescheid.*

›BZ‹, ›Bild‹ und ›Berliner Morgenpost‹
›Nachdem sie den Ausreiseantrag gestellt hatte, bekam sie keine Arbeit mehr.‹
›Sie verlor nach dem Antrag ihr Praktikum und ihr wurde die Wohnung gekündigt.‹
›Sie bekam danach keine Arbeit mehr.‹

Überprüfungsergebnis:
Die Schlie beantragte am 10.4.1976 von sich aus ihre Exmatrikulation, womit die Beendigung des Praktikums und die Aufgabe des vom Betrieb zur Verfügung gestellten Wohnraums verbunden war. Sie begann danach als Sachbearbeiterin im VEB Backwarenkombinat Berlin zu arbeiten.

›Berliner Morgenpost‹
›Sie wurde immer wieder zur VP vorgeladen.‹

Überprüfungsergebnis:
Anfang Mai 1976 wurde mit der Schlie im VPKA Magdeburg eine Aussprache geführt.«[8]

Aber was konnten die Stasioffiziere mit ihren »Überprüfungsergebnissen« anfangen? Etwa von den Westzeitungen eine Gegendarstellung verlangen? Alles vom *Neuen Deutschland* geraderücken lassen? Die ganze Recherchearbeit war umsonst, denn in diesem einen Fall war sogar die sonst allmächtige Staatssicherheit völlig ohnmächtig. Die Autorin der *Zeit* hatte vollkommen recht: In dieser Sache konnte die DDR wahrhaftig keine Werbung gebrauchen, und eine gezielte Gegenpropaganda hätte die Aufmerksamkeit der eigenen Bevölkerung nur auf die Ausreisepraxis gelenkt. Mehr noch, die Propagandaexperten wussten, dass eine Schlacht nur dann begonnen werden sollte, wenn der Sieg auch möglich war. Hier stand ein solcher nicht in Aussicht. Es handelte sich immerhin nicht um die übliche ideologische Blockkonfrontation: Das hier war Liebe. Und die hat immer recht. Propagandistisch ist die Liebe gewissermaßen »blockfrei«, dagegen lässt sich einfach nicht agitieren. Da wäre es viel besser, die Westpresse würde ihre Kampagne einfach einstellen und die Geschichte von Udo und Inge geriete in Vergessenheit. Wie aber sollte man das nun erreichen? Eines war klar: Die Springer-Presse würde nicht davon ablassen, solange der

Mauerspringer festgehalten wurde. Notgedrungen musste man also auf die strafrechtliche Verfolgung verzichten. Aber wie ließ sich verhindern, dass die Rückführung des Liebenden nicht Anlass für weitere »Hetzartikel« bot? Kurioserweise hoffte die Staatssicherheit hierbei ausgerechnet auf die Hilfe von Udo Cürsgen selbst. Der hatte sich während der Verhöre sehr geschickt verhalten: Er hatte Reue gezeigt, die Aussagen der Presse als »Unwahrheiten und erfundene Lügen« bezeichnet, und er hatte von sich aus versprochen, nach seiner Rückkehr »bei Springer ein Faß aufzumachen«.[9]

Das tat er schließlich auch. Er ging umgehend wieder zum Springer-Verlag. Allerdings machte er dort ein ganz anderes Fass auf als das angekündigte. Statt einer Richtigstellung der ersten Artikel zu verlangen, legte er noch einmal nach. Schon am Tag nach der Rückführung berichteten die *Berliner Morgenpost* und die *B.Z.* über Udo Cürsgens Aufenthalt in Ost-Berlin; über die stundenlangen Verhöre, über seine Weinkrämpfe und über die Demütigung, sich nackt ausziehen zu müssen. Er sei gezwungen worden, die »gute Behandlung« und die »Unwahrheiten in der Presse« mit seiner Unterschrift zu bestätigen. In seiner Liebe sei Udo Cürsgen aber standhaft geblieben: »Immer wieder habe ich denen gesagt: Ich geb' die Kleine nicht auf, und wenn sonst was passiert!«[10]

Wieder einen Tag später legte die Hauptabteilung IX des Ministeriums für Staatssicherheit einen Untersuchungsbericht zu dem Grenzdurchbruch vor. Aber wie man es auch drehte und wendete, es blieb weiterhin nur eine Möglichkeit, die Pressekampagne zu stoppen. Nur Udo konnte das tun. Die entsprechende Passage des Berichts bringt die Hilflosigkeit der Staatssicherheit überdeutlich zum Ausdruck:

> *»Bezüglich des Cürsgen wird vorgeschlagen, ihn bei einer geplanten Einreise in die DDR zurückzuweisen und ihm mitzuteilen, daß in der Zeit, in der westliche Massenmedien*

seine Grenzprovokation und seine Unterbringung im Gewahrsam der Behörden der DDR zur Hetze gegen die DDR nutzen, keine Einreisemöglichkeit für ihn besteht sowie ihn zu veranlassen, bei westlichen Massenmedien die Einstellung der Hetzkampagne zu fordern.«[11]

Aber warum sollte er? Als rund sechs Wochen später der DDR-Angestellte im Kreuzberger Besucherbüro sich weigerte, seinen Einreiseantrag zu bearbeiten, ging Udo Cürsgen natürlich wieder zur Zeitung. Und einmal mehr wurde die Herzlosigkeit der DDR an den Pranger gestellt.[12] Weitere vier Wochen später haben die Behörden dann aufgegeben. Inge Schlie durfte ausreisen.

Trotz des glücklichen Ausgangs für das Liebespaar bleibt eine Frage zur Vorgeschichte offen: Wie war es Inge Schlie vor dem Mauersprung wirklich ergangen? Wer hat denn nun recht gehabt? Die »Hetzartikel« oder die Stasiermittler? Eine knappe Antwort auf diese Frage müsste der Staatssicherheit recht geben: Deren »Überprüfungsergebnisse« waren zutreffend. Es lohnt sich jedoch, diese vielleicht überraschende Antwort etwas weiter auszuführen, denn dadurch lassen sich die verschiedenen Methoden der Einflussnahme durch die Stasi aufzeigen. Und mehr noch: Mit der Vorgeschichte rückt neben den Mauerspringer Udo auch Inge als zweite Heldin in den Mittelpunkt der Geschichte, denn sie war es, die mit einer genialen Mischung aus Beharrlichkeit und taktischem Geschick alle Anstrengungen der Stasi hatte ins Leere laufen lassen.

Wann immer die Staatssicherheit einen Hinweis darauf erhielt, dass ein Bürger der DDR den Gedanken an Republikflucht hegte, war das ein Anlass zum Handeln. Aber nicht immer wurden dabei gleich schwere Geschütze aufgefahren. Bei gut ausgebildeten Fachkräften und auch bei intelligenten jungen Leuten wollte man nicht gleich mit Drohungen oder Repressalien arbeiten. Diese Menschen waren einfach viel zu wertvoll für den Arbeiter-und-Bauern-Staat, um sie auf diese Art endgültig zu vergraulen. Viel lieber wollte man sie dazu bewegen, das Vorhaben von sich aus aufzugeben. »Schwankungen in der Entschlossenheit zur Verwirklichung der Straftat« sollten genauso ausgenutzt werden wie eine »enge Verbundenheit mit der beruflichen Tätigkeit und das Interesse an deren Fortführung, einschließlich der Aufnahme oder Weiterführung von Qualifikationsmaßnahmen«. Vor allem aber setzte die Staatssicherheit darauf, dass bei »Bestehen enger persönlicher Bindungen zu Personen in der DDR (Kinder, Eltern)« diese sogenannte »Wiedereingliederung« erfolgreich sein würde.[13]

Auch Inge Schlie wollte man »wiedereingliedern«, nachdem die MfS-Kreisdienststelle Köthen die Beziehung mit Udo im Sommer 1973 »erfasst« hatte.[14] Die Abteilung M (Überwachung von Brief- und Paketverkehr) hatte Alarm geschlagen. Die Auswertung eines abgefangenen (und dann einbehaltenen) Briefes hatte ergeben, dass die 19-jährige Absenderin mit dem westdeutschen Adressaten wohl eine Liebesbeziehung unterhielt und dass möglicherweise eine Flucht oder Schleusung geplant sei, denn Inge hatte von »unserer gemeinsamen Zukunft« geschrieben. Aber das war nicht das einzige verdächtige Detail. Auch die folgende Passage verwirrte die Staatssicherheit:

> »*Wenn ich dann die Platte von Hendrix auflege, dann muss ich immer aufpassen, daß er mir nicht aus dem Rahmen an der Wand hopst und im Zimmer herumspringt. Einmal hat er meine Gitarre erwischt. Da musste ich dann aufpassen, daß er sie nicht wie alle anderen zertrümmert. Also Du siehst, an Abwechslung fehlt es mir nicht.*«

Wer war denn das nun wieder? Aufklärung tat not! Als erste Maßnahme besuchte ein Leutnant des MfS die Familie Inge Schlies.[15] Er habe aus »Gesprächen« erfahren, dass Inge Kontakt zu einem jungen Mann in der BRD habe: »Wir sind daran interessiert, daß diese Verbindung keine negativen Auswirkungen auf ihre Tochter hat.« Die Familienangehörigen bestätigten die Liebesbeziehung. Die beiden hätten gar vor, sich zu verloben. Obwohl Udo bei seinem Besuch in Köthen einen ganz anständigen Eindruck gemacht habe, sei man aber gegen das Verhältnis. Die Familienangehörigen erkundigten sich, »ob es nicht möglich ist, die Post zu sperren, damit diese Verbindung unterbrochen wird«. Ganz ohne Ironie erklärte der Vertreter der Staatssicherheit – der überhaupt erst wegen eines abgefangenen Briefes gekommen war –, so etwas sei »nur auf Anordnung des Staatsanwalts gegen Personen möglich [...], wo ein Ermittlungsverfahren eingeleitet ist«. Stattdessen sollte im Kreise der Familie auf Inge eingewirkt werden, und man solle sich bei der Kreisdienststelle melden, sobald etwas Auffälliges passiere, falls Inge etwa überraschend Reisevorbereitungen treffe oder Ähnliches. Auf jeden Fall dürfe sie nichts von dem Besuch erfahren, »da wir dann die Möglichkeit haben, auch in Zukunft über die Verbindung zu C. etwas zu erfahren«. Beides wurde dem MfS-Leutnant bereitwillig zugesagt. Auch in der anderen Angelegenheit konnte Inges Familie ihn beruhigen und sogar echte Aufklärungsarbeit leisten: »Bei dem erwähnten ›Hendrix‹ handelt es sich um einen Schlagersänger, von dem der C. der Inge eine Schallplatte mitgebracht hat.«

Fünf Monate nach diesem Gespräch verdichteten sich dann Hinweise auf eine bevorstehende Straftat.[16] Am 20. Januar 1974 wollte der Neuköllner Hakan Öktem für einen Tagesaufenthalt nach Ost-Berlin. Bevor der türkische Bauarbeiter die Grenzübergangsstelle Friedrichstraße Ecke Zimmerstraße (im Westen besser bekannt als »Checkpoint Charlie«) passieren durfte, wurde er einer sogenannten Zahlungsmittelkontrolle unterzogen. Bei der Durchsuchung entdeckten die Grenzbeamten die beiden Zettel. Das Schleusungsvorhaben schien nun eindeutig belegt: »Ich gebe Dir 1000,– DM West, wenn Du mir mein Mädchen aus der DDR bringst! Udo.« Herr Öktem erklärte dazu, dass er diesen Udo erst ein paar Tage zuvor kennengelernt habe. Er selbst habe in der Kneipe nur schnell eine Cola trinken wollen, der andere ihm dann aber Alkohol spendiert, viel von seiner DDR-Freundin erzählt und ihm schließlich etwas in die Brusttasche gesteckt. Die Zettel habe er dann ganz vergessen. Hätte er gewusst, was draufsteht, hätte er die Zettel doch nicht ausgerechnet nach Ost-Berlin mitgenommen.

Eine schnelle Überprüfung durch die Abteilung XII (Zentrale Auskunft/Speicher) ergab, dass und auch wo Udo Cürsgen bereits erfasst war: »KD Köthen übernimmt.« Noch während Hakan Öktem am Grenzübergang festgehalten wurde, fragte der diensthabende MfS-Mitarbeiter an der Passkontrolle telefonisch in der anhaltinischen Kreisdienststelle nach, was man mit dem Türken nun machen solle? »Einreisen lassen«, hieß es von dort, aber nicht ohne Instruktionen:

> *»Nach Abwicklung der Überprüfungshandlungen und der Entscheidung der KD Köthen wurde ÖKTEM mitgeteilt, daß uns seine Schilderung der Umstände glaubhaft erscheint und er deshalb unsererseits keine Nachteile zu befürchten habe, er könne weiterhin uneingeschränkt einreisen. Ihm wurde empfohlen, auf mögliche Angebote des CÜRSGEN bezüglich der Schleusung einzugehen, ihn aber auch nicht wissen zu lassen, dass wir Kenntnis von den Vorgängen erhalten haben. ÖKTEM versprach, sich an unsere Empfehlung zu halten, war aber auch bereit, in unserem Interesse die Verbindung aufrechtzuerhalten.«*

Der Fund der Zettel löste sofort hektische Betriebsamkeit aus. Die Kreisdienststelle Köthen informierte die MfS-Bezirksverwaltung in Magdeburg, um Inge Schlie auch an ihrem Studienort »abzusichern«. Dort sollte ein als IM tätiger Mitstudent sofort überprüfen, ob sie noch da war, ob sie in Berlin gewesen war oder ob sie Besuch bekommen hatte – womöglich sogar von Ausländern? Erleichterung folgte prompt: Inge war »im Zimmer beim Abendbrot.«[17]

Erneut wandte sich die Staatssicherheit an ihre Familie: Ja, die Liebesbeziehung sei noch intakt, und bei Udo müsse man mit dem »Allerschlimmsten« rechnen. Die Familienangehörigen gaben auch zu verstehen, dass sie die Staatssicherheit »in jeder Hinsicht unterstützen [wollten], um eine eventuelle Ausschleusung ihrer Tochter zu verhindern«. Die Sache sei aber sicher nicht Inges Idee gewesen, denn die hätte gesagt, »daß sie ihre Eltern wegen eines Mannes nicht verlassen wird«.[18] Diese Unschuldsbeteuerung reichte allerdings nicht aus, und so entschloss man sich in Magdeburg, eine »Operative Personenkontrolle« (OPK) einzuleiten.

Inge Schlie wurde von nun an konspirativ überwacht. Zwei Inoffizielle Mitarbeiter sollten versuchen, ein persönliches Vertrauensverhältnis zu ihr aufzubauen. Das Ziel der OPK bestand in der »umfassenden operativen Aufklärung und Kontrolle der S., um festzustellen, ob die S. die Absicht verfolgt, die DDR ungesetzlich zu verlassen«.[19]

Ganz und gar nicht konspirativ sollte es dann eine Woche später zugehen, als zwei Mitarbeiter der Staatssicherheit Inge Schlie in der Ingenieurschule aufsuchten, um mit ihr ein »Vorbeugegespräch« zu führen.[20] Man habe nichts gegen ihre Beziehung zu Udo Cürsgen, aber:

> *»Bei strafbaren Handlungen bzw. deren Vorbereitung [werde man] eingreifen. […] Der S. wurden nochmals die Folgen einer Ausschleusung aufgezeigt, und ihr wurde erklärt, daß feindliche Dienststellen mit dieser Methode versuchten, die DDR politisch zu diskriminieren und in seiner gesamten sozialistischen Entwicklung zu schädigen. Es ist die Aufgabenstellung des MfS, der anderen Organe und ehrlichen und zuverlässigen Bürgern der DDR, diesen feindlichen Organisationen keine Möglichkeit zur Schädigung der DDR zu*

lassen. [...] Während dieser Ausführungen machte die S. einen positiven Eindruck, und sie zeigte sich gegenüber dieser Problematik interessiert.«

Ohne zu zögern unterschrieb Inge dann auch die gewünschte Erklärung, dass sie die DDR niemals ungesetzlich verlassen werde. Das habe sie ohnehin nie vorgehabt, erklärte sie kategorisch, »da sie dann nicht mehr die Möglichkeit habe, ihre Eltern zu besuchen, an denen sie sehr hängt. Sie gab an, dass sie den C. noch sehr liebt, und falls die Möglichkeit bestünde legal in die BRD zu gelangen, würde sie dies tun.« Aber in jedem Fall wolle sie erst einmal fertig studieren.

Das »Vorbeugegespräch« entwickelte sich also unerwartet positiv. Mit der engen Bindung an die Eltern, der Betonung des Studiums und der kategorischen Ablehnung der Straftat selbst schienen die wichtigsten Voraussetzungen für eine erfolgreiche »Wiedereingliederung« gegeben zu sein. Fast noch bedeutsamer war es, dass Hinweise auf eine negative politische Einstellung gänzlich fehlten. Die junge Frau wirkte so aufgeschlossen und positiv, dass die zwei MfS-Mitarbeiter sogar versuchten, sie ohne Umschweife als IM anzuwerben:

»Als ihr der Vorschlag unterbreitet wurde, dem MfS bei der Durchführung seiner Aufgaben auf inoffizieller Grundlage entsprechende Unterstützung zu geben, gab sie ohne Vorbehalte ihre Zustimmung hierfür ab. In ihrer schriftlichen Verpflichtung, die sie ohne Bedenken schrieb, legte sie dar, daß sie auf freiwilliger Grundlage und ohne Zwang mit dem MfS zusammenarbeiten will.«

Udo Cürsgen mochte vielleicht noch einmal versuchen, seine Verlobte auszuschleusen, aber nun war nicht nur der vermeintliche Schleuser identifiziert und sogar zur Kooperation mit der Stasi bereit, man hatte zudem die Auszuschleusende als IM verpflichtet. Besser hätte es aus Sicht der Staatssicherheit wohl kaum kommen können. Dass Inge an ihrer Liebe und an dem Wunsch festgehalten hatte, die DDR legal zu verlassen, hat ihre Glaubwürdigkeit eher erhöht, als dass es ihre Gesprächspartner irritiert hat. Mit der Zeit würde sie wohl auch davon Abstand nehmen. Doch die Magdeburger MfS-Offiziere hätten die Akten aus Köthen gründlicher studieren sollen. Inge hatte ihnen nämlich einen verschlüsselten Hinweis darauf geliefert, dass sie ganz und gar nicht vorhatte, ihren Verlobten aufzugeben. Inoffizielle Mitarbeiter sollten zur »Einhaltung der Konspiration« einen Decknamen gebrauchen. Inge durfte sich ihren selbst aussuchen – ihre Wahl fiel auf einen »Schlagersänger«. Von nun an war sie IM »Hendrix«.

IM »Hendrix« sollte vor allem über die Treffen mit Udo berichten. Erst später sollte sie dann zur »operativen Aufklärung und Sicherung der Studenten und des Lehrkörpers der Ingenieurschule« eingesetzt werden.[21] Natürlich galt die Wissbegier der Staatssicherheit nicht ernstlich dem West-Berliner Transportarbeiter. Die Verbindung der beiden sei »ohne nachrichtendienstliches Interesse«, sondern rein operativ.[22] »Operativ« hieß in diesem Fall vor allem, IM »Hendrix« selbst »von strafbaren Handlungen abzuhalten«.[23] In dieser Hinsicht war der MfS-Führungsoffizier zunächst durchaus angetan von der neu angeworbenen Mitarbeiterin. Sie sei offen und ehrlich, pünktlich und zuverlässig, und über die Besuche von Udo würde sie bereitwillig und wahrheitsgemäß Auskunft geben. Nur über die Mitstudenten berichtete sie scheinbar nichts Brauchbares. Zumindest nichts, was ihr Führungsoffizier für wichtig genug hielt, um es zu notieren. Trotzdem: Auch diese Informationen hätten der Wahrheit entsprochen.

Im Verlauf der dann folgenden zwei Jahre sollte sich IM »Hendrix« aber ganz allmählich der Kontrolle des Führungsoffiziers entziehen.[24] Sie berichtete zwar weiterhin wahrheitsgemäß, aber immer unregelmäßiger. Von selbst meldete sie sich überhaupt nicht mehr, und viele vom Führungsoffizier anberaumte Treffen wurden wegen schulischer Einsätze und Veranstaltungen verschoben oder gar abgesagt. Im Februar 1976 begann sie dann das Praktikum in Berlin, und nun gab es nur noch selten die Möglichkeit für weitere Treffen in Magdeburg. Die Zusammenarbeit mit IM »Hendrix« habe sich also »nicht so effektiv gestaltet wie geplant«. Inge habe zwar nicht die Absicht, die DDR ungesetzlich zu verlassen, wolle aber noch immer mit dem West-Berliner Verlobten zusammenleben.

Am 23. April 1976 stellte Inge Schlie schließlich zwei Anträge: In Magdeburg ersuchte sie bei der Leitung der Ingenieurschule um ihre Exmatrikulation, in Köthen bat sie um die »Entlassung aus der Staatsbürgerschaft der DDR«.[25] Dem ersten Antrag wurde sofort stattgegeben; doch war es nicht die Staatssicherheit, die hier die Finger im Spiel hatte. Im Gegenteil: Noch am Abend des gleichen Tages versuchte ihr Führungsoffizier sie zu überreden, beide Anträge zurückzuziehen. Das habe doch alles keinen Sinn. Aber sie ließ sich nicht überzeugen; ihre Liebe zu Udo sei nur noch stärker geworden, seit sie in Berlin wohne und die beiden sich regelmäßiger sehen könnten. Und in der Schule stehe sie in zwei Fächern auf der Note Fünf und sei nervlich auch nicht in der Lage, die Nachprüfungen zu bestehen. Alle Überzeugungsversuche blieben erfolglos: »Im Ergebnis konnte festgestellt werden, daß der IM sich nicht von seiner Haltung abbringen lassen wollte.« Sie wolle die DDR zwar nicht ungesetzlich verlassen, aber sie sei fest entschlossen auszureisen. Sollte der Antrag abgelehnt werden, würde sie erneut einen stellen.[26]

So leicht wollte der Führungsoffizier seinen IM aber nicht aufgeben. Er befragte einen anderen Inoffiziellen Mitarbeiter an der Schule, der bestätigte, dass Inge mit ihren Leistungen sehr wohl in der Lage war, das Studium erfolgreich abzuschließen.[27] Daraufhin veranlasste der Führungsoffizier, dass die Schulleitung die Exmatrikulation zurücknehmen musste. Um

IM »Hendrix« »weiter unter Kontrolle zu halten«, verdonnerte er sogar den Direktor und den Parteisekretär der Schule, nach Berlin zu fahren, um Inge umzustimmen.[28] Man wolle ihr »die Möglichkeit geben, ihr Studium abzuschließen«, wenn sie den Antrag auf Übersiedlung zurückziehe. Da war ihr Praktikum aber schon beendet, und sie hatte die Wohnung verlassen müssen – die zwei konnten sie einfach nicht finden. Sogar zur Familie nach Köthen mussten die beiden fahren. Aber auch die wusste nicht, wo Inge sich aufhielt.[29]

Am 11. Mai 1976 kam Inge ein letztes Mal nach Magdeburg und sprach dort mit der Schulleitung. In Anwesenheit eines MfS-Mitarbeiters erneuerte sie ihren Antrag auf Exmatrikulation, dem dann schließlich auch stattgegeben wurde. Sie hatte nun eine neue Erklärung: Der Abschluss werde in der Bundesrepublik und West-Berlin nicht anerkannt, und dorthin wolle sie schließlich – der Liebe wegen. In der anschließenden Aussprache mit der Volkspolizei betonte sie, dass sie keine politischen Motive habe, sondern lediglich ihrem Herzen folge. »Befragt, wie sie gedenke in Zukunft weiterzuleben, gab sie an, daß sie nun erst einmal abwarten wird, wie über den Antrag entschieden wird. Sollte der Antrag abgelehnt werden, so will sie immer wieder einen Antrag stellen, bis sie letztlich ihr Ziel doch erreicht.«[30]

Nachdem er schließlich noch den Hinweis erhalten hatte, dass Inge sich gegenüber der Kaderleitung im Wasserwerk als IM dekonspiriert hatte, gab nun auch der Führungsoffizier auf.[31] In seinem »Vorschlag zur Abschreibung und Archivierung« des IM »Hendrix« vom 2. Juni 1976 mischt sich Anerkennung und Resignation. Sie habe bis zum Schluss stets offen und ehrlich über ihre Beziehung berichtet, wolle aber noch immer legal nach West-Berlin ausreisen. »Es ist dabei zu sagen, daß sich der IM nicht von dieser Haltung abbringen lassen wird.« Der Führungsoffizier konnte natürlich nicht über den Ausreiseantrag entscheiden, aber als am Tag vor Udo Cürsgens Mauersprung das MfS eine erneute »Operative Personenkontrolle« einleitete, war zumindest ihm klar, dass es längst nicht mehr darum gehe, »Zielstellungen und Vorbereitungshandlungen gemäß § 213 StGB aufzuklären und ein ungesetzliches Verlassen zu verhindern«.[32] Fast drei Jahre lang hatte die Staatssicherheit in Magdeburg alle Register gezogen, aber keinen Sinneswandel bewirkt. Es bestand schlicht »nicht mehr die Möglichkeit der operativen Kontrolle der Schlie«.

Ohne eine Straftat zu begehen, hatte sich IM »Hendrix« mit Beharrlichkeit und taktischem Geschick der Staatssicherheit entzogen. Mit der deutlichen Ablehnung einer Republikflucht, der bereitwilligen Mitarbeit, der Betonung von Familie und Ausbildung und mit der Hervorhebung des gänzlich unpolitischen Hintergrunds ihres Ausreisewunsches hatte sie sich der Staatssicherheit zunächst als mustergültige Kandidatin für die »Wiedereingliederung« präsentiert. Im weiteren Verlauf dieser sanften Überzeugungsarbeit hatte sie es dann geschafft, den Führungsoffizier durch Offenheit und Ehrlichkeit so weit zu beeindrucken, dass der Ausreiseantrag keine gravierenden Konsequenzen nach sich zog. Selbst wenn die Staatssicherheit zu diesem späten Zeitpunkt noch von der behutsamen Beeinflussung auf harte Repressalien hätte umschwenken wollen, fehlte nach der Exmatrikulation das letzte geeignete Druckmittel. Für die Staatssicherheit war die Geschichte von Inge Schlie also schon am Tag vor Udos Mauersprung eine des eigenen Scheiterns.

All dies soll aber nicht heißen, dass der Mauersprung keine Rolle gespielt hat. Das ganze »Brimborium« hatte zumindest zur Folge, dass sich der 1. Stellvertreter des Ministers für Staatssicherheit, General Bruno Beater, persönlich der Sache annahm und die Akten von IM »Hendrix« aus Magdeburg kommen ließ.[33] Nach der Lektüre sah auch er, dass in diesem Fall bereits alle möglichen Anstrengungen unternommen worden waren, aber vergebens. Ohne es zu ahnen hatte Udo der »schlampigen

Bürokratie« nicht etwa nur Dampf gemacht – gemeinsam mit Inge hatte er sie einfach ausgehebelt. Der Rat der Gemeinde Köthen kam gar nicht mehr dazu, über den Ausreiseantrag zu entscheiden: »Am 2.9.1976 wurde die Schlie auf Weisung des Genossen General Beater nach Westberlin ausgewiesen.«[34]

Dass die Entscheidung des Ministeriums für Staatssicherheit wenig mit warmherziger Anteilnahme am Schicksal eines Liebespaares zu tun hatte, wurde ein halbes Jahr nachdem Inge Schlie ausreisen durfte noch einmal unmissverständlich deutlich. Am 5. März 1977 entschloss sich der West-Berliner Jurastudent Thorsten Heil, am Brandenburger Tor die Mauer zu überklettern, um die Ost-Berliner Behörden dazu zu bewegen, seiner Verlobten die Ausreise aus der DDR zu genehmigen. Zu diesem Zeitpunkt hatten die beiden gemeinsam schon sechs Anträge formuliert und darin direkten Bezug auf die menschenrechtlichen Bestimmungen der KSZE-Schlussakte genommen. Fünf der Anträge waren prompt abgelehnt worden, der sechste lag noch bei Erich Honecker. Thorsten Heil hatte nun geglaubt, mit einer »symbolischen Darstellung ihrer Unzertrennlichkeit« könne er die Behörden zum Einlenken bewegen. Diese zu erpressen habe er nie im Sinn gehabt – deshalb habe er die Zeitungen aus dem Spiel gelassen und dafür gesorgt, dass sein Mauersprung im Westen nicht bemerkt wurde. Da hätte er doch besser ein »Brimborium« veranstaltet: Thorsten Heil wurde zu acht Monaten Freiheitsstrafe verurteilt. Seiner Freundin gestattete man erst 18 Monate später die Ausreise.[35]

Bösebrücke, Bornholmer Straße, Wedding/Prenzlauer Berg

Absender:

❐ Frau ❐ Herr

____

____

____

E-Mail: ________________

Alter: ________________

Beruf: ________________

Selbstverständlich behandeln wir alle Ihre Angaben vertraulich und nutzen sie ausschließlich für unsere interne Statistik.

12/08

Bitte ausreichend frankieren

Ch. Links Verlag
Schönhauser Allee 36
KulturBrauerei/Haus S

D-10435 Berlin

Sehnsucht

»Wer die DDR verlässt, weiß was er tut. Dann geschehen in der Heimat Dinge, wo man nicht mehr dabei sein kann. Dann darf man nicht greinen. Die Leute haben großes Glück, wenn sie im Einzelfall einreisen dürfen.«[1]

Zu »greinen« – also weinerlich zu schimpfen –, das passt so gar nicht zu Martin Geisler. Im Frühsommer 1974 genießt der 19-Jährige sein großes Abenteuer.[2] Endlich kann er tun und lassen, was er will. Sobald ihm ein Job auf die Nerven geht, kündigt er einfach. So macht man das hier im Westen. Ob bei der Spedition, der Bahnpost oder auch in einer Gaststätte – irgendeine Arbeit lässt sich immer finden. Sollte es einmal nicht sofort klappen, dann kann man immer noch herumbummeln und schnorren. Diese Freiheiten schätzt Martin sehr: All das »wäre im ›Osten‹, in dem ich wie im Käfig gehalten wurde, nicht möglich« gewesen. Im Westen, da darf man sich frei bewegen. Als es ihm nach zwei Monaten im Münsterland zu langweilig wird, zieht er kurzerhand nach West-Berlin und wird Hotelpage im »Savoy«. Auch das ist nun wahrlich kein Grund zu »greinen«. Trotzdem: Seine Mutter möchte er schon gern einmal wiedersehen. Doch so nah der Prenzlauer Berg auch liegt, so unerreichbar ist die alte Heimat für ihn. Ein Besuch zu Hause bleibt ein sehnsüchtiger Traum. Martin Geisler darf nicht wieder einreisen; dieses »große Glück« bleibt ihm versagt.

Dabei liebt Martin seine Mutter sehr, auch wenn sie seinen

Bruder ständig bevorzugt hat.[3] Nur den Stiefvater, den kann er nicht ausstehen. Deshalb war es früher so schwierig gewesen, mit allen unter einem Dach zu wohnen. Auch bei seinem leiblichen Vater hat er es selten lange ausgehalten. Der konnte zwar spannende Geschichten über seine Zeit als Fremdenlegionär in Indochina erzählen, doch sobald er etwas getrunken hatte, gab es regelmäßig Streit. Also ist Martin immer wieder zurück zur Mutter. Und dennoch war er sehr glücklich gewesen, als ihm zur Volljährigkeit eine eigene Einraumwohnung zugewiesen wurde. Auch in anderer Hinsicht schien es aufwärtszugehen. Die Schule war endlich geschafft, und die Lehrstelle bei der Reichsbahn war genau das, was er sich gewünscht hatte. Als »Triebfahrzeugführer« hoffte er, weit herumzukommen.

Doch dann waren seine Träume ganz plötzlich geplatzt. Die Ausbildung zum Lokführer sei aus »personaltechnischen Gründen« nicht möglich, hatte man ihm bei der Reichsbahn erklärt. Er sollte beim Betriebsdienst bleiben. Martin Geisler konnte einfach nicht verstehen, warum man ihm die Weiterbildung nicht erlaubte. Ausgerechnet ihm, der er doch immer beharrlich alle Pluspunkte gesammelt hatte. Bei den Subbotniks war er immer dabei gewesen, und auch zu Arbeitseinsätzen des »Mach-mit-Wettbewerbs« hatte er sich häufig freiwillig gemeldet. Schon in der Schulzeit war er in die Freie Deutsche Jugend (FDJ) eingetreten, hatte sich in der Gesellschaft für Deutsch-Sowjetische Freundschaft engagiert, und seit Beginn der Lehre war er natürlich auch Mitglied im Freien Deutschen Gewerkschaftsbund (FDGB). Außerdem hatte er schon mehrere vormilitärische Ausbildungslehrgänge der Gesellschaft für Sport und Technik (GST) absolviert. Was musste man denn noch alles tun, um voranzukommen?

Was für eine himmelschreiende Ungerechtigkeit! Bei seiner Lehrstelle wollte Martin sich dann gar nicht mehr sehen lassen. Da blieb er lieber in seiner Wohnung und hörte Westradio oder traf sich mit seinen Freunden an der Gethsemanekirche. Es dauerte nicht lange, dann stand sein Entschluss fest: Wenn man ihm hier die Zukunft verbauen wollte, dann würde er eben fortgehen. Er dachte, dass »im Westen alles freier« und »im Osten wirklich alles Scheiße ist«.[4] Sorgfältiges Abwägen gehörte nicht zu den Stärken des impulsiven jungen Mannes. Die lagen woanders: zum Beispiel in seinem unerschütterlichen Selbstvertrauen oder auch in seiner dreisten Unerschrockenheit. Und natürlich darin, dass er nach eigener Einschätzung »vom Trainingslager der GST gerade die richtige Fitness« hatte.[5] Mit großer Zuversicht brach Martin Geisler am 14. März 1974 um ein Uhr morgens auf, um über die Bornholmer Brücke in den Westen zu fliehen. Er wusste, hier würde es vor Grenzsoldaten nur so wimmeln, denn auf der einen Brückenseite lag die Grenzübergangsstelle, auf der anderen West-Berlin. Die Anwesenheit der Soldaten machte Martin aber nichts aus, denn er hatte gar nicht vor, den Grenzübergang regulär zu passieren. Er wollte nicht auf, er wollte *unter* die Brücke.[6]

Dort hinzugelangen war nicht gerade einfach. Im Sperrgebiet verliefen zwar die S-Bahn-Gleise, doch die Züge hielten schon lange nicht mehr an dem Geisterbahnhof. Als Lehrling der Deutschen Reichsbahn kannte Martin sich mit dem Bahnverkehr aber bestens aus. Am Zentralen Viehhof (der heutigen S-Bahn-Station Storkower Straße) kletterte er auf den Waggon eines Schnellgüterzugs, der planmäßig unter der Bornholmer Brücke hindurch in den Norden der DDR fahren sollte. In Wildwestmanier sprang er »während der Fahrt über die Dächer anderer Wagen und hielt sich zuletzt zwischen den Puffern von zwei Wagen auf«. Kurz hinter dem S-Bahnhof Schönhauser Allee bremste der Zug dann aber ganz unerwartet und kam mehrere hundert Meter vor der Brücke zum Stehen. Daran war Martin sogar selbst schuld; unabsichtlich muss er »die Kuppelung der Pressluftanlage« betätigt haben. Der Fluchtversuch schien vollends gescheitert, als er noch auf den Gleisen von zwei Volkspolizisten festgenommen wurde. Aber seine Dreistigkeit sollte ihn retten: Er zeigte den Dienstausweis der Reichsbahn vor und setzte sogar noch einen drauf, als er behauptete, »freiwilliger Helfer der Volkspolizei« zu sein. Seinen nächtlichen Aufenthalt auf den Gleisanlagen erklärte er damit, dass er nach einer Prügelei wohl am Bahndamm eingeschlafen sein müsse. Nun wolle er aber schnell nach Hause. Sie ließen ihn laufen.

Über die Gleisanlagen und dann auf Schleichwegen durch eine Laubenkolonie gelangte Martin Geisler in derselben Nacht schließlich doch noch zur Bornholmer Brücke. Hier wollte er seinen waghalsigen Fluchtplan in die Tat umsetzen. Er hatte vor, auf der Unterseite der 138 Meter langen Nickelstahlkonstruktion in den Westen zu klettern. Hilfreich war dabei die bauliche Beschaffenheit der Brücke, die es dem paramilitärisch durchtrainierten Reichsbahnlehrling ermöglichen sollte, in unmittelbarer Nähe der Grenzsoldaten und doch von ihnen unbemerkt nach West-Berlin zu gelangen. Nicht, dass ihm etwa bekannt war, dass es sich hier um eine »Zweigelenkbogenbrücke mit beiderseitigen Kragarmen und gelenkig angeschlossenen Endfeldern sowie eingehängter Brückenplatte« aus dem Jahre 1916 handelte.[7] Das wäre ihm wahrscheinlich auch gleich gewesen. Es reichte Martin, zu wissen, dass die geschwungenen Stahlträger unter der eingehängten Fahrbahn frei und auch eng genug zueinander standen, sodass man sich daran entlanghangeln konnte.

Im »unteren Tragwerk«, etwa zehn Meter über den S-Bahn-Gleisen, kletterte er »unterhalb des Brückenbelags entlang, umging dabei die auf der Brücke befindlichen Kontrollorgane, kroch und kletterte weiter, bis er am anderen Ende der Brücke und auf der anderen Brückenseite in ein auf Westberliner Territorium gelegenes Laubengelände kam«. Er war euphorisch: endlich im Westen. Das Abenteuer konnte beginnen.

Nur drei Monate später packte den Hotelpagen im »Savoy« aber dennoch die Sehnsucht. An Martin Geislers Meinung über den »Osten« hatte sich zwar nichts geändert. Noch immer genoss er die neu gewonnene Freiheit, liebte sein »zielloses Leben« und freute sich darüber, dass er in West-Berlin »den ganzen ›gesellschaftlichen Zwang‹ nicht mehr am Hals« hatte.[8] Aber die Verwandten und die Freunde im Prenzlauer Berg vermisste er nun doch sehr. Besonders mit der Vorstellung, seine Mutter nie wiederzusehen, konnte Martin sich einfach nicht abfinden. Am 17. Juni 1974 stellte er sich deshalb, wie er selbst sagte, »aus Verzweiflung den Grenzorganen der DDR auf dem Bahnhof Berlin-Friedrichstraße«.[9]

Obwohl er natürlich Sehnsucht verspürte, war es nicht vordergründig die Verzweiflung gewesen, die ihn zum Bahnhof Friedrichstraße getrieben hatte – auch damit verfolgte Martin Geisler einen ganz konkreten Plan. Im Gegensatz zu Berthold Brandt ging es ihm nämlich nicht darum, in die DDR zurückzukehren. Mit der freiwilligen Selbstauslieferung hoffte er auf Bewährung, schlimmstenfalls erwartete er eine kurze Haftstrafe, die er auch gern bereit war abzusitzen. Schon in der Untersuchungshaftanstalt wollte er aber einen Antrag auf Aberkennung der Staatsbürgerschaft der DDR stellen, damit man ihn später wieder nach West-Berlin abschieben würde. Auf den ersten Blick erscheint dieses Ziel widersinnig, wohnte er doch bereits in Charlottenburg. Auf den zweiten Blick erkennt man aber ein ganz eigenwilliges Kalkül hinter dem Plan: Nach verbüßter Haftstrafe müssten die DDR-Sicherheitsbehörden ihn von der Fahndungsliste streichen, bevor man ihn nach Aberkennung der Staatsbürgerschaft in den Westen abschieben würde. Später hätte er dann als unbelasteter Bürger der Bundesrepublik ganz offiziell die Möglichkeit, einen Tagesaufenthalt in Ost-Berlin zu beantragen, um seine Mutter und seine Freunde zu besuchen.[10]

Doch hier hatte sich Martin gehörig verkalkuliert. Die Ermittler der Staatssicherheit durchschauten seinen Plan und wollten ihm diesen Gefallen nicht tun. Denn es war leicht zu belegen, dass er »allein mit dem Ziel [zurückgekommen war], seine Ausbürgerung aus der DDR zu betreiben«.[11] Nach wochenlangen Verhören zu seinem Grenzübertritt und zum Aufenthalt im Westen wurde Martin Geisler am 20. September 1974 wegen ungesetzlichen Verlassens der DDR zu zwei Jahren und zwei Monaten Freiheitsentzug verurteilt. In der Urteilsbegründung war keine Rede von einer anschließenden Ausweisung, und sein Antrag auf Aberkennung der Staatsbürgerschaft wurde wegen Staatsverleumdung eingezogen und erst gar nicht bearbeitet. Er sollte also nach der Haftentlassung in der DDR bleiben müssen.

Mit seinem eigenwilligen Plan hatte Martin Geisler die Hauptabteilung IX des Ministeriums für Staatssicherheit weit unterschätzt. Dass er tatsächlich geglaubt hatte, damit durchzukommen, betrachteten die Ermittler wohl als Beleidigung ihrer Intelligenz. Und dafür wollte man den Republikflüchtling nun gleich dreifach bestrafen. Den Freiheitsentzug hatte er halb erwartet; den Zwangsverbleib in der DDR wohl kaum. Aber umso schmerzvoller muss die dritte Strafe gewirkt haben, die ihm der Richter abschließend verkündete: Nach § 51 StGB der DDR wurde ihm zusätzlich eine Aufenthaltsbeschränkung auferlegt, da es »zum Schutze der gesellschaftlichen Ordnung oder der Sicherheit der Bürger geboten ist, den Verurteilten von bestimmten Orten oder Gebieten fernzuhalten« – so der Wortlaut des Paragraphen. Das »bestimmte Gebiet«, das der Richter in diesem Fall meinte, war das der Hauptstadt der DDR, und Martin Geisler sollte es nach Verbüßung seiner Haftstrafe für ganze drei Jahre nicht betreten dürfen. Der Besuch bei Verwandten und Freunden im Prenzlauer Berg sollte ihm also sogar als DDR-Bürger verwehrt bleiben. Sein Plan hatte in jeder Hinsicht genau das Gegenteil dessen bewirkt, was er hatte erreichen sollen. Mit unverhohlener Häme hieß es in der Urteilsbegründung, die Aufenthaltsbeschränkung sei erforderlich,

> *»weil der Angeklagte aus seiner bisherigen Umgebung, insbesondere aus seinem Umgang mit bestimmten anderen jungen Bürgern auf dem Gethsemaneplatz herausgelöst und in*

> *eine neue Umgebung gebracht werden muß, die seiner kollektiven Erziehung dienlicher ist. Die Notwendigkeit, ihn aus der Hauptstadt der DDR fernzuhalten, ist zum Schutz der Bürger Berlins erforderlich, zumal er hier ständig mit der Staatsgrenze konfrontiert ist.«*[12]

Doch Martin Geisler war selbstverständlich nicht daran interessiert, kollektiv erzogen zu werden. Nach den drei Monaten im Westen betrachtete er sich selbst längst als Bürger der Bundesrepublik Deutschland.[13] Kurz nach der Gerichtsverhandlung schrieb er deshalb an »seine« Ständige Vertretung in Ost-Berlin und bat um eine Unterredung. Doch der Brief sollte den Adressaten nicht erreichen – er wurde einbehalten. In der Strafvollzugsanstalt Berlin-Rummelsburg erklärte man Martin Geisler, dass er noch immer Bürger der DDR sei und als solcher kein Recht auf Aussprache mit den Mitarbeitern der Ständigen Vertretung der BRD habe. Diese erneute Demütigung machte ihn zwar rasend vor Wut, sein Selbstvertrauen wurde dadurch aber nicht erschüttert. Das schafften selbst die Zellengenossen nicht, die sich über ihn lustig machten.

> *»Im Knast wurde ich von allen Häftlingen ›vollgenölt‹, daß ich blöde sei, weil ich wieder zurückgekommen war. [...] Deshalb entschloß ich mich, [...] ›mächtigen Terror‹ zu machen, damit ich auf alle Fälle wieder nach ›drüben‹ entlassen werde. Ich entschloß mich, im Knast einige Häftlinge, d.h. einsitzende ›DDR-Bürger‹, so aufzuhetzen, daß sie alles versuchen sollen, um auch nach drüben entlassen zu werden. Das habe ich auch bei zwei ›DDR-Bürgern‹ gemacht, die auf meiner Gemeinschaftszelle lagen.«*[14]

Und bei dem »mächtigen Terror« nahm Martin kein Blatt vor den Mund. Bei jeder Gelegenheit wiegelte er seine Mitgefangenen auf und weigerte sich – wie schon in den Vernehmungen durch die Staatssicherheit – auch in der Strafvollzugsanstalt Rummelsburg, die Bezeichnung DDR zu benutzen:[15] Der »Osten« könne gar keine eigene Staatsbürgerschaft haben, sondern sei und bleibe deutsch, auch wenn er unter politischer Fremdherrschaft stehe. Die Grenzsoldaten seien »›Kopfjäger‹, die sogar auf ihre Eltern schießen würden, damit sie ein höheres Schulterstück kriegen«. Hier im »Osten« ginge es zu wie zu »Adolfs Zeiten«, hier herrsche Sippenverfolgung. Außerdem sei die Mauer nur gebaut worden, damit wenigstens noch ein paar Leute im »Osten« blieben. Und Ähnliches mehr.

Häftling Geisler provozierte unablässig, dennoch sollte es 20 Monate dauern, bevor sich der gewünschte Effekt tatsächlich einstellte. Am 26. Februar 1976 wurde ihm die Staatsbürgerschaft der DDR aberkannt, und noch am selben Tag erfolgte seine Ausweisung in die Bundesrepublik Deutschland. Ob und wie viel Martin mit seinen Hasstiraden zum Sinneswandel der DDR-Behörden beigetragen hatte, lässt sich nicht ermessen. Vielleicht war die Wendung seines Schicksals doch nur die Folge der 40000 Westmark, die man im Zuge des Häftlingsfreikaufs für ihn kassieren konnte.[16] Was auch immer letztlich den Ausschlag für die Ausbürgerung gegeben hatte, Martin Geisler fragte sich, ob er denn sein Ziel nunmehr erreicht hatte? Würde er endlich seine Mutter und seine Freunde wiedersehen dürfen? Drei Monate ließ er nach seiner Ausweisung verstreichen, bevor er als Bürger der Bundesrepublik Deutschland eine offizielle Genehmigung zur Einreise in die Hauptstadt der DDR beantragte. Die Genehmigung wurde verweigert.[17]

Zumindest aber konnte er sein Abenteurerleben im Westen wieder aufnehmen.[18] Nach dem obligatorischen Aufenthalt im Notaufnahmelager Gießen verbrachte er einige Zeit in Bochum. Dort arbeitete er in einer Autofabrik und als Filmvorführer im Kino, bevor es ihn schließlich doch wieder nach West-Berlin zog. Mit Gelegenheitsarbeiten hielt er sich auch hier über Wasser, doch stand ihm der Sinn nach größeren Abenteuern. Er erinnerte sich daran, wie sein Vater immer vom Söldnerleben geschwärmt hatte. Auch er wollte nun die weite Welt sehen. In Straßburg meldete er sich bei der französischen Fremdenlegion, unterschrieb einen Fünfjahresvertrag und wurde als »Legionär II. Klasse« zur Grundausbildung erst nach Marseille und dann nach Korsika geschickt. Später sollte er nach Ostafrika zur 13. Halbbrigade in Dschibuti verlegt werden. Doch zu seinem großen Bedauern machten sich bei dem sonst so gut trainierten Legionär schon nach drei Monaten Rückenprobleme bemerkbar, und man schickte ihn wieder zurück nach Westdeutschland.

Dort verschlug es ihn zunächst zum Bundesverfassungsgericht nach Karlsruhe. Nicht, dass es dabei um Verfassungsfragen gegangen wäre – Martin arbeitete als Küchenhilfe in der Kantine. Nach nur wenigen Wochen kündigte er auch diese Stelle, zog nach Lauenförde an die Weser und kellnerte in einem Ausflugslokal. Als dabei genug Geld zusammengekommen war, fuhr er wieder nach Marseille, um sich noch einmal einer Tauglichkeitsprüfung bei der Fremdenlegion zu unterziehen. Leider klappte es auch diesmal nicht, und so entschloss er sich, wieder zurück nach West-Berlin zu ziehen. In Moabit gründete er schließlich gemeinsam mit einem ebenfalls aus der DDR ausgewiesenen Rummelsburger Zellengenossen eine Gebäudereinigungsfirma.

Die erneute Rückkehr nach West-Berlin ließ Martin Geislers Sehnsucht nach den Verwandten und Freunden jenseits der Mauer wieder aufflammen. Und in den folgenden Monaten sollte das Gefühl immer stärker werden, was vielleicht auch daran lag, dass ihm das Leben im Westen nicht mehr so abenteuerlich, so frei und sorglos erschien, wie das früher der Fall gewesen war. Anstatt sich als »Legionär II. Klasse« unter der Sonne Ostafrikas zu tummeln, musste er sich hier mit Abrechnungen, Außenständen, Mahnungen, säumigen Lohnzahlungen an die Mitarbeiter und schließlich auch noch mit der Steuerfahndung herumschlagen. All dies hätte in Dschibuti sicher nicht zu seinen Pflichten gehört. Und ganz gewiss hätten seine Kontoauszüge dort auch nicht diesen stetig wachsenden Negativsaldo ausgewiesen.

Hinzu kam, dass ihn jetzt auch noch kleine Sünden der Vergangenheit einholten. Als er ein paar Monate zuvor den Job als Aushilfskellner an der Weser aufgegeben hatte, hatte der Gastwirt den ausstehenden Lohn nicht zahlen wollen. Als Schwarzarbeiter wusste Martin sich danach nicht anders zu helfen, als die Kasse mit den Tageseinnahmen mitgehen zu lassen. Das erschien ihm nur recht und billig. Doch der Gastwirt ließ die Sache nicht auf sich beruhen, und dann hatte Martin bei einem Schlichtungstermin auch noch die Fassung verloren und den Richter übel beschimpft. Dafür drohten ihm jetzt 20 Tage Gefängnis in West-Berlin.

Die Vorstellung, ein paar Wochen im Strafvollzug in Tegel oder Moabit zu verbringen, konnte einen Ex-Rummelsburger nicht wirklich schrecken. Doch in Verbindung mit den Schulden sprach auch das dafür, nunmehr einige Zeit von der Bildfläche zu verschwinden. Und die Sehnsucht, die ihn schon seit längerem wieder quälte, sagte ihm auch genau, wohin er zu gehen hatte. Wieder einmal hatte Martin Geisler einen tollkühnen Plan. Er wollte illegal und unbemerkt über die Mauer in den Osten steigen, seine Verwandten besuchen und einige Tage bei Freunden verbringen, um dann auf gleichem Weg wieder zurück nach West-Berlin zu gelangen. Dass es zu schaffen war, hatte er immerhin schon an der Bornholmer Brücke bewiesen.

Der Plan war genial, denn mit ihm konnte Martin gleich mehrere Fliegen mit einer Klappe schlagen. Nicht nur, dass er endlich seine Mutter wiedersehen, den Gläubigern entgehen und die drohende Haft aufschieben würde, der doppelte Mauersprung sollte ihm zudem die Gelegenheit bieten, sich Geld und Genugtuung zu verschaffen. Geld dadurch, dass er die »Story« nach seiner Rückkehr an eine West-Berliner Zeitung verkaufen würde. Er war sich sicher, dafür nicht weniger als 2000 DM zu bekommen. Genugtuung würde er sich gleich zweifach verschaffen. Zunächst eine stille, denn er wollte noch im Prenzlauer Berg eine Postkarte an die Staatssicherheit einwerfen, um die Ermittler wissen zu lassen, »daß ich mich trotz Einreiseverbots in Berlin aufgehalten habe«.[19] Die öffentliche Genugtuung käme dann später durch das Erscheinen seiner »Story« in der Zeitung. Damit würde er klarstellen, dass ihn »die von der Passierscheinstelle am Arsch lecken können«.[20] Es gab also gute Gründe, den Mauersprung zu wagen, doch der Besuch bei den Freunden und Verwandten war schließlich der wichtigste. Denn Martin Geisler wollte sich von ihnen verabschieden. Er plante, nach seiner Rückkehr in den Westen die Karriere als Gebäudereiniger zu beenden, um wieder auf Abenteuersuche zu gehen. Mit dem Geld für die »Story« »wollte ich nach Hamburg und zur See fahren. Ich hatte ja im Dezember 1976 bereits nach Hamburg zum Arbeitsamt geschrieben, und mir wurde mitgeteilt, daß eine Möglichkeit zur See zu fahren besteht.«[21]

Am späten Nachmittag des Neujahrstages 1978 brach der mittlerweile 22-jährige Martin Geisler also zu seinem Abschiedsbesuch auf.[22] Von einem Podest an der Bernauer Straße aus studierte er die Bewegungen der Grenzsoldaten, die seiner Einschätzung nach ihre Arbeit eher nachlässig verrichteten: »Ich bemerkte, wie ein Trabant ›Kübel‹ den Grenzstreifen abfuhr, aber weit vom letzten Zaun weg.« Er war zuversichtlich, dass die Sache zu schaffen war. Für die Fremdenlegion war der Rücken vielleicht nicht belastbar genug, doch für einen kurzen Sprint durch den Kontrollstreifen reichte es durchaus. Er musste nur die richtige Stelle finden, hier an der Bernauer Straße war es zu hell erleuchtet. In nördlicher Richtung ging er ein ganzes Stück die Mauer entlang. Als er gegen 17.30 Uhr fast schon an der Helmut-Just-Brücke (heute wieder Behmbrücke) anlangte, war er sich endlich sicher, den geeigneten Abschnitt gefunden zu haben. Doch nur wenige Augenblicke später musste er erkennen, dass die Sache gar nicht so einfach war:

»Am zweiten Hochsitz unternahm ich den Versuch, über die Mauer zu klettern. Dieses gelang mir nicht, da ich nicht über die Mauer greifen konnte, die ca. eine Breite von 70 cm hatte. Ich muß hier noch sagen, daß erst eine alte Mauer und dann eine neue Mauer kommt und diese beiden Mauern einen Abstand von ca. 1,50 m haben.«

Über die erste Mauer war er ohne weiteres gekommen, die zweite war ohne Hilfsmittel nicht zu überwinden. Nun saß er also zwischen den beiden fest. Er hätte noch zurückklettern können, doch an einen Abbruch seines Vorhabens verschwendete der selbstbewusste junge Mann keinen Gedanken:

»In diesem Zwischenraum ging ich dann bis zum Ende der Mauer, wo sie mit einem Stacheldrahtzaun verbunden ist. Dort stehen spanische Reiter in dem Gebüsch. Ich versuchte dann, auf diesen Maschendrahtzaun zu gelangen, indem ich auf die spanischen Reiter stieg. Dies gelang mir nicht, und ich ging dann die Grenze in Richtung Gleimstraße entlang. Auf der Höhe der Kopenhagenerstraße bemerkte ich zwei Posten, die in einem Hauseingang standen. Ich schlich mich dort vorbei, ohne daß ich bemerkt wurde. Nach ca. 5 min wurden diese Posten abgelöst, und ich ging dann noch 10–15 m weiter, bis plötzlich ein Hund angeschlagen hat. Dieser wurde auf mich aufmerksam, da ich auf einen Ast im Gestrüpp getreten bin. Die beiden neuen Posten wurden dann auch aufmerksam und beobachteten die Stelle, an der ich mich befand, ununterbrochen, so daß ich mich nicht mehr bewegen konnte. Die Posten gingen dann bloß immer ca. 20 m auf und ab, und als ich weitergehen wollte, schlug der Hund gleich wieder an. Der eine Posten rief dann im Vorbeigehen ›kommen sie raus‹, und als er weiterging, trat ich an den Zaun, und dann wurde ich festgenommen. Ein Zurückgehen war wegen des Hundes auch nicht mehr möglich.«

Einige Zeit später sollte ein altgedienter Offizier der Grenztruppen bestätigen, dass es an dieser Stelle nahezu unmöglich war, die Grenze zu überwinden: »Die ›Gasse‹ wurde schon mehreren Personen zum Verhängnis – stellte während meiner dortigen Dienstzeit einen Schwerpunkt für Provokationen dar.«[23] Seinem Naturell entsprechend, betrachtete Martin den gescheiterten Besuch im Ostteil der Stadt allerdings in ganz anderem Licht: »Meiner Meinung nach hätte alles wunderbar geklappt, wenn nicht ein Hund an der Grenze angeschlagen hätte. Diesen Faktor hatte ich nicht eingeplant. Mein Plan war meiner Auffassung nach sicher, da ich die Gegend, in der ich den illegalen Grenzübertritt durchführte, gut kenne.«[24]

Am 20. Juni 1978 verurteilte das Stadtbezirksgericht Lichtenberg den Angeklagten Martin Geisler »wegen ungesetzlichen Grenzübertritts in schwerem Fall [...] zu einer Freiheitsstrafe von vier Jahren«.[25] Der Beschuldigte habe »aus Haß gegen die DDR in provokatorischer Absicht seine Straftat durchgeführt«, habe diese »langfristig vorbereitet« und sei dabei »zielstrebig vorgegangen«. All dies stimmte natürlich. Dass es aber in erster Linie die Sehnsucht nach seiner Mutter und seinen Freunden gewesen war, die ihn zu dem wagemutigen Unternehmen veranlasst hatte, das fand in der Urteilsbegründung keine Erwähnung.

Im Laufe der achtzehn Jahre, in denen die »Vereinbarung über den Reise- und Besucherverkehr« vom 20. Dezember 1971 Gültigkeit besaß, verweigerten die DDR-Behörden mehr als 10 000 Personen aus dem Westen die Einreise.[26] In einigen Fällen waren die Betroffenen West-Berliner oder Westdeutsche, die gegen die Gesetze der DDR verstoßen oder aber – wie Udo Cürsgens – gleichzeitig einen Antrag auf Familienzusammenführung gestellt hatten. Am häufigsten traf die Einreisesperre aber ehemalige DDR-Bürger und dies ganz unabhängig davon, ob sie das Land legal oder illegal verlassen hatten. Die Behörden sahen auch keine Notwendigkeit, die Einreisesperren im

Einzelfall zu begründen, war es doch das Recht eines jeden souveränen Staates, darüber zu befinden, wer das Staatsgebiet betreten darf und wer nicht. Innerhalb des Staatsapparats wurde dagegen erstaunlich offen dargelegt, warum man die ehemaligen DDR-Bürger nicht einmal zu einem Verwandtenbesuch zurückkehren lassen wollte:

> *»Die Gestattung der Einreise dieser Personen, die die DDR auf eigenen Wunsch verlassen haben, würde zu einer Sogwirkung führen und die Anzahl von Übersiedlungsersuchen weiter ansteigen lassen. Wenn sichtbar würde, daß Personen nach ihrer Übersiedlung sofort wieder einreisen können, würde dies weitere Antragstellungen auf Übersiedlungen inspirieren.«*[27]

Hier wird einmal mehr die Unmenschlichkeit der Berliner Mauer deutlich. Ihr Hauptzweck bestand sicher darin, die Abwanderung der DDR-Bevölkerung zu verhindern, damit – wie Martin Geisler es so treffend formuliert hatte – wenigstens noch ein paar Leute im »Osten« blieben. Doch die Mauer ließ auch die wenigen Glücklichen nicht los, denen es gelungen war, die DDR zu verlassen. Für sie änderte sich lediglich der psychologische Effekt der Grenzanlage. Fühlten sie sich vor ihrer Ausbürgerung oder Flucht eingesperrt »wie im Käfig«, mussten sie sich danach plötzlich ausgesperrt vorkommen. Für viele, denen familiäre oder freundschaftliche Bande zu den Menschen jenseits der Mauer noch wichtig waren, blieb das Wiedersehen nur ein sehnsüchtiger Wunschtraum.

Einigen genügte es nicht, nur davon zu träumen. Sie wollten oder konnten sich mit der Trennung nicht abfinden und drangen illegal in die DDR ein. So ermittelte die Staatsanwaltschaft der DDR in zahlreichen Fällen wegen Verstoßes gegen die Transitbestimmungen. Von Fluchthelfern abgesehen, handelte es sich bei diesen »Straftätern« fast ausnahmslos um ehemalige Bürger der DDR, die auf der Reise von oder nach West-Berlin kurzerhand von der Transitautobahn abgefahren waren, um zum Kaffee die Großmutter zu besuchen, mit einem alten Studienfreund zu plaudern oder auch, um dem Patenkind zum Geburtstag zu gratulieren.[28]

Anderen ehemaligen Bürgern der DDR war sogar dieser Weg versperrt, denn für sie galt – genau wie für Martin Geisler – nicht nur eine Einreise-, sondern auch noch eine Transitsperre. Als letzte Möglichkeit blieb da nur der Mauersprung. Im Sommer 1977 wurde Michael Pietsch festgenommen, nachdem er von Weddinger Seite aus den Grenzsicherungszaun an der Liesenbrücke überklettert und auf das Gelände des Nordbahnhofs vorgedrungen war. Er hatte nicht nur damit gerechnet, sondern es sogar darauf angelegt, verhaftet zu werden, damit eine alte Schulfreundin ihn wenigstens in der Untersuchungshaft besuchen konnte. Die Sehnsucht nach ihr brachte ihm etwas mehr als ein Jahr Haft ein.[29] Im Juni 1975 tauchte Jörg Brenner gemeinsam mit seinem Hund bei Hochwasser unter einem Sperrgitter am Tegeler Fließ durch. Er war auf dem Weg zu seinem Vater, der in einer Kleingartenanlage unweit des Sumpfgebietes nördlich der Stadt wohnte. Eine ganze Nacht saßen Vater und Sohn zusammen in der Laube, bevor ein anderer Hund – diesmal einer der Volkspolizei – den Grenzverletzer aufspüren konnte. Er wurde zu sechs Monaten Haft verurteilt.[30] Ganze zwei Jahre Freiheitsentzug erhielt Uwe Degenhardt dafür, dass er seinen Stiefvater wiedersehen wollte. Er wurde im Sommer 1974 auf frischer Tat erwischt, als er am Böttcherberg über die Mauer nach Klein-Glienicke kletterte.[31] Der 23-Jährige hätte es vielleicht sogar schaffen können, wie vier Jahre nach ihm Klaus-Dieter Winter an gleicher Stelle demonstrierte. Sein Mauersprung nach Klein-Glienicke blieb unbemerkt, und so konnte er zum Bahnhof Babelsberg spazieren, den nächsten Zug nach Brandenburg nehmen und dort seine Exfrau aufsuchen. Erst vier Tage später wurde er in einer Gaststätte im Holländischen

Viertel in Potsdam verhaftet, wo er mit einem alten Freund beim Bier zusammensaß. Der Ausflug kostete ihn 18 Monate seiner Freiheit.[32] Es gäbe noch viele andere Beispiele, doch schon diese vier machen deutlich, dass der Besuchswunsch des Reichsbahnlehrlings aus dem Prenzlauer Berg kein Einzelfall war. Und doch ist Martin Geislers Sehnsucht bemerkenswert, denn um sie zu befriedigen, war er sogar bereit, noch einen Schritt weiter zu gehen.

Nach 22 Monaten Haft wurde Martin Geisler am 12. Oktober 1979 wieder nach West-Berlin abgeschoben. Seine frühzeitige Entlassung erfolgte auf Grundlage einer Amnestie, die der Staatsrat der DDR anlässlich des 30. Jahrestages der Gründung der sozialistischen Republik beschlossen hatte. Insgesamt wurden fast 22 000 Strafgefangene entlassen; rund 1500 davon wurden in den Westen abgeschoben. Doch auch diese humanitäre Geste änderte nichts an Martin Geislers Haltung: Er hasste die DDR! Und dazu hatte er allen Grund. Nur weil er Verwandte und Freunde vermisste, hatte der nun 24-Jährige insgesamt dreieinhalb Jahre im Gefängnis zugebracht, mehrere Monate davon in Einzelarrest. In fünfeinhalb Jahren hatte er seine Mutter zwei Mal gesehen, und auch das nur unter der Aufsicht eines Vollzugsbeamten im Besucherzimmer von Rummelsburg. Von seiner Sehnsucht hatte ihn das nicht kuriert; das Gefühl sollte ihn auch nach der erneuten Abschiebung nicht loslassen. Nun war Martin Geisler zum Äußersten bereit: Um sein Ziel zu erreichen, würde er sogar seinen Hass auf die DDR herunterschlucken.

Am 31. Januar 1980 um 10.50 Uhr klopfte er an die Diensteingangstür der Grenzübergangsstelle Bahnhof Friedrichstraße und bat darum, einen Mitarbeiter des Ministeriums für Staatssicherheit sprechen zu dürfen. Der Wunsch wurde ihm erfüllt, und so konnte der ehemalige Strafgefangene berichten, dass »feindliche Gruppierungen und Organisationen in Westberlin ihn für eine Zusammenarbeit gegen die DDR« gewinnen wollten und dass er »dem MfS seine Unterstützung zur Bekämpfung dieser Banden« anbiete.[33] In der Tat hatte Geisler einiges zu erzählen. Über ebenfalls amnestierte Mithäftlinge hatte er Kontakt zu einer West-Berliner Fluchthelferorganisation geknüpft. Zudem konnte er über eine in Gründung befindliche »Gesellschaft für Transitgeschädigte« Auskunft geben, die gegen die DDR »agitieren« wollte. All diese Informationen vertraute Geisler seinen ehemaligen Peinigern der Untersuchungsabteilung IX an, die daraufhin ihre Kollegen der Hauptabteilung XXII informierten. Auch die beiden für Terrorabwehr zuständigen Offiziere waren von der »Kontaktperson« (KP) angetan:

> *»›Einschätzung‹: Die KP trat höflich und bescheiden auf. Sie trinkt Alkohol, aber keinen Schnaps. Hiervon hätte sie aus der Legion noch die Nase voll. Insgesamt erscheint die KP als entwicklungsfähiger Kontakt, welcher in WB relativ ungebunden ist […]. Verdächtige Verhaltensweisen wurden nicht festgestellt.«*[34]

Vielleicht erschien ihnen Martin Geisler gerade deshalb nicht verdächtig, weil er ganz offen erklärte, warum ausgerechnet ein Flüchtling und »Transitgeschädigter« diese Organisationen verraten wollte. »Das Motiv für das Anbieten beim MfS besteht im Erreichen von Einreiseerleichterungen (›möchte meine Mutter besuchen können, diese besuchte mich in Rummelsburg‹).«[35]

In der Folge durfte die »Kontaktperson ›Theo‹« alias Martin Geisler mehrfach die DDR besuchen, jedoch nie auf dem Weg der offiziellen Einreise. Um nicht den Verdacht seiner neugewonnenen Fluchthelferfreunde zu erregen, wurde KP »Theo« für die Unterredungen durch den sogenannten Ho-Chi-Minh-Pfad am Bahnhof Friedrichstraße ein- und ausgeschleust.[36] In dem nur von West-Berlinern genutzten U-Bahnhof der Linie C (heute: U6) befand sich eine unscheinbare Tür, durch die Martin Geisler unbemerkt in die DDR gelangen konnte. Auf der anderen

Seite wartete ein Offizier der Staatssicherheit, der ihn in Empfang nahm und mit dem Auto aus Ost-Berlin herausbrachte. Die Treffen selbst fanden in der HO-Gaststätte »Fischerhütte« statt, einem Ausflugslokal in Seefeld bei Werneuchen. Es lässt sich nicht belegen, dass die Staatssicherheit diesen Ort mit Bedacht ausgewählt hatte, um den ehemaligen Mauerspringer zu quälen. Sicher ist aber, dass der Weg dorthin den Trabi mitten durch den Stadtbezirk Prenzlauer Berg führte. Und nicht ein einziges Mal gestattete der Offizier Martin Geisler, kurz auszusteigen und seine Mutter zu sehen. Als Gegenleistung für die überbrachten Informationen gewährte man der Kontaktperson »Theo« nur die Bitte, der Mutter zur Erinnerung einen Goldring zukommen zu lassen. Freunde und Verwandte durfte Martin Geisler auch jetzt nicht besuchen.

Und so blieb ihm nichts anderes übrig, als noch einmal zu versuchen, sein Unglück durch Abenteuerlust zu kompensieren. Je weiter weg von Berlin er war, umso gedämpfter war seine Sehnsucht nach den Daheimgebliebenen. Hierfür zeigte sogar die Staatssicherheit schließlich Verständnis. Die Transitsperre wurde aufgehoben, sodass Martin nun als Binnenschiffer zwischen Hamburg und Berlin pendeln konnte. Nachdem er in diesem Beruf einige Monate Erfahrung gesammelt hatte, heuerte er schließlich als Steward auf dem Motorschiff »Helgoland« an, um zur See zu fahren. Die ganz große Fahrt war mit dem 75 Meter langen Seebäderschiff zwar nicht möglich, doch wenn die »MS Helgoland« gerade einmal nicht im Linienbetrieb zwischen Cuxhaven und der namensgebenden Insel pendelte, dann wurde sie immerhin zu Butterfahrten in Nord- und Ostsee eingesetzt.[37] So konnte Martin seiner Mutter regelmäßig Ansichtskarten aus dem Ausland schicken – mal aus Holland, mal aus Dänemark. Zu Hause im Prenzlauer Berg hatten sie auf jeden Fall den Eindruck, dass der Junge nun endlich weit herumkam.[38] Auf einer ihrer Verkaufsfahrten für Butter, Schnaps und Heizdecken sollte die »MS Helgoland« später sogar einmal im

Hafen von Warnemünde anlegen. Ein Schiffssteward ging von Bord und versuchte sein Glück. Er wurde zurückgewiesen – die Einreisesperre blieb bestehen. Nach allem, was er versucht hatte, dürfte Martin Geisler nun wirklich allen Grund gehabt haben zu »greinen«.

Lohmühlenstraße, Blick auf die Lohmühlenbrücke, Neukölln/Treptow

Verwirrung

Effektenaufstellung:

1 Umhängetasche, schwarz

- *Personalausweis Nr. 7245698*
- *zwei Schecks, Nr. 264895-106*
- *eine Ausweiskarte Barscheck*
- *ein Kamm*
- *eine leere Pappschachtel*
- *ein Umsteigefahrschein*
- *zwei Kalender 1986*
- *eine Geldbörse mit 34,83 DM*
- *vier Zahnstocher*
- *ein Einlieferungsschein vom 23.5.1986*
- *ein Zettel mit Adressen*
- *zwei Rechnungen*
- *zwei Rezepte*
- *ein Zettel mit Anschrift*
- *zwei Zeitungsausschnitte*
- *ein Messer*
- *ein Schlüsselbund mit vier Schlüsseln*
- *zwei Kugelschreiber*
- *ein Erfrischungstuch*
- *ein Notizblock*

eine Mappe mit

- *Nachweis über Berufstätigkeit*
- *Kündigungsschreiben vom 31.1.1975*
- *Zeugnis vom 5.3.1975*
- *Prüfungsbescheinigung vom 22.5.1974*
- *Abschlußzeugnis vom 5.3.1975*
- *Zeugniskarte*

- *Zwischenprüfungszeugnis vom 11.5.1973*
- *Bescheinigung Religionsunterricht vom 27.3.1971*
- *13 Zeugnisse evang. Christenlehre*
- *17 Schulzeugnisse*
- *1 Prüfungsbescheinigung vom 22.5.1974*
- *1 Arbeitsanleitung*

weitere sichergestellte Gegenstände

- *ein Brief der Bundespost*
- *ein Schreibblock, klein, mit Adressen*
- *ein Briefumschlag, blau, mit 8 Bildern und Scheidungsurteil des Amtsgerichts Charlottenburg*
- *ein Zeitungsausschnitt »Auf einen Blick«*
- *eine Bescheinigung Erste Hilfe Arbeiter- und Samariterbund vom 16.12.1971*
- *zwei Rechnungen*
- *ein Schwimmpaß*
- *eine Ausweiskarte vom 22.6.1952*
- *17 Adressen auf Zetteln*
- *drei Zeitungsausschnitte*
- *ein Besucherschein vom 29.10.1984*
- *eine Vorladung zum Amtsgericht vom 24.8.1984*
- *ein Gesellenprüfungsschein vom 27.3.1975*
- *ein ärztlicher Befund vom 13.10.*
- *eine Anschrift vom Tierarzt*
- *sechs Karten »Der Schornsteinfeger kommt«*
- *eine Besucherkarte vom Arbeitsamt*
- *ein U-Bahn-Fahrplan BVG*
- *eine Brieftasche ohne Inhalt*
- *eine Armbanduhr, weißes Metall*
- *zwei Gürtel lang, 4 Ösen*
- *1 Fahrerlaubnisantrag*
- *1 Geburtsurkunde*
- *1 Teilnehmerbesch. 57523*
- *1 Umschlag mit Quittung*
- *1 Zettel (unleserlich)*

Das alles nahm Eduard Still mit nach drüben, als er 1986 am Töpchiner Weg von Lichtenrade aus über die Mauer kletterte. Er war überrascht, vielleicht sogar ein wenig enttäuscht über die Nachlässigkeit der Soldaten, als seine Grenzverletzung zunächst unentdeckt blieb. Also lief er zum nächsten Beobachtungsturm südwestlich von Großziethen und versuchte, sich dort bemerkbar zu machen. Kein Erfolg. Erst nachdem er hochgeklettert war, begriff er, dass der Posten unbesetzt war. Er entschloss sich, dort zu warten. Zehn Minuten später kamen dann endlich zwei Grenzsoldaten auf einem Motorrad angefahren. Die jungen Männer waren äußerst verdutzt, als Eduard sie von ihrem Turm aus begrüßte: »Guten Tag Genossen! Ich komme aus Westberlin und will in die NVA oder die Grenztruppen der DDR eintreten.«[1] Er schien ernsthaft vorzuhaben, »sich in der DDR ein neues Leben aufzubauen«. Wäre es hier um eine Wette, eine Mutprobe, einen Dumme-Jungen-Streich oder eine geplante Grenzprovokation gegangen, dann hätte er sich sicher nicht die Mühe gemacht, die Geburtsurkunde, die vielen Schulzeugnisse und die Bescheinigung über die abgelegte Gesellenprüfung einzupacken. Der 30-jährige arbeitslose und geschiedene Schornsteinfeger konnte zwar (noch) nicht Auto fahren, dafür aber schwimmen und Erste Hilfe leisten. Nach eigener Aussage verfügte er zudem über ein »sehr gut ausgebildetes Gehör«. Würde man einen wie ihn nicht bei den Grenztruppen gebrauchen können?

Eduard wurde schwer enttäuscht. Nein, in der DDR wollte man ihn nicht haben und schon gar nicht bei den bewaffneten Kräften der NVA oder der Grenztruppen. Aber nicht etwa, weil die 13 Zeugnisse evangelischer Christenlehre den DDR-Behörden verdächtig vorgekommen waren, Zweifel an seiner Eignung für den Militärdienst kamen vielmehr bei drei anderen Dokumenten auf, deren Inhalt Eduard bei seiner Befragung erst näher erläutern sollte: der Brief der Bundespost, die Vorladung zum Amtsgericht und der ärztliche Befund.

An die Bundespost, genauer deren Messdienst, hatte er sich selbst gewandt:

> *»Er berichtete [...], daß seine Nachbarin über CB-Funk seine Fernsehprogramme beeinflusse. Sie könne die Digitalanzeige vom Thermometer ausblenden, die Außentemperatur ausschalten usw. Mit elektromagnetischen Wellen könne sie Metalle statisch aufladen, so daß er vom aufgeladenen Chassis seines Radios einen Schlag bekam. Er habe schon den Meßdienst der Post beauftragt, die aber behaupteten, so etwas gäbe es nicht.«*

Auch die Gerichtsvorladung stand in ebendiesem nachbarschaftlichen Zusammenhang:

> *»Sie [die Nachbarin] äußerte, daß er ein schwacher Idiot sei. Mit dem Kassettenrekorder nimmt sie Aufnahmen von ihm auf und spielt sie bei den Behörden ab. Sie nimmt Beleidigungen auf und spielt sie am laufenden Bande ab. Wenn er das Fenster zumache, quatschten die eben nachts. So habe er mit dem Luftgewehr ihre Lampen ausgeschossen.«*

Mit dem ärztlichen Befund wurde aus den Zweifeln schließlich Gewissheit: Eduard Still litt an einer schweren Psychose mit Verfolgungswahn. Insgesamt fünf Mal schickte man ihn nach kurzen Klinikaufenthalten zurück nach West-Berlin.

Unter den Mauerspringern war sein Krankheitsbild kein Einzelfall. Viele waren geistig verwirrt, und nicht wenige davon fühlten sich verfolgt. So zum Beispiel die 26-jährige Heidrun Schwarzer, die ihren Grenzdurchbruch damit erklärte,

> *»daß sie jetzt erst erfahren habe, wer ihr Ehemann in Wirklichkeit sei, nämlich der gesuchte Bader-Meinhof. Gleichzeitig teilte sie mit, dass ihre gesamte Familie in dieser Gruppe*

verankert sei. Aus diesem Grunde will sie mit ihrer Familie nichts mehr zu tun haben, und am Montag würde sie von ihrem Ehemann […] geschieden. Ihre Mutter […] würde ebenfalls von der Polizei gesucht, und ihr Vater […] sei der bekannte Schriftsteller Mario Simmel.

[…]

[Sie sei] dahinter gekommen, daß ihr jetziger Ehemann ihr eigener Bruder sei. Der Bruder ihres Ehemanns […] würde seit dem 11.8.1972 im Zuchthaus Bautzen sein. [›Er sei tödlich verunglückt, dann habe man ihm ein Gehirn eingepflanzt und nach der DDR abgeschoben.‹].

[…]

Sie äußerte, daß ihr Ehemann sie gestern […] an die Springer-Presse verkauft habe, sie deshalb um Einreise in die DDR gebeten habe, man ihr die verwehrt hätte, weil sie kein gültiges Reisedokument habe. Daraufhin sei sie so über die Mauer gekommen. Sie möchte, daß die DDR Organe ihr einen neuen Ausweis aushändigen.«[2]

Dass die Terroristen Andreas Baader und Ulrike Meinhof bereits seit drei Jahren in Stammheim einsaßen, als Heidrun Schwarzer an der Kommandantenstraße in Berlin-Mitte in das »Territorium der Hauptstadt der DDR« eindrang, war für den medizinischen Befund nicht mehr ausschlaggebend. Das »eingepflanzte Gehirn« dürfte ausgereicht haben, um die behandelnde Ärztin in der psychiatrischen Abteilung des Klinikums Buch davon zu überzeugen, dass die Grenzverletzerin »bereits ein geschlossenes Wahnsystem aufgebaut [hatte], was in keiner Weise korrigierbar ist. […] Sie erzählte recht grausame Geschichten mit heiter-fröhlichem Lächeln.«

Die Liste derjenigen, die in geistiger Verwirrung über die Mauer kletterten, ließe sich ohne große Mühe um viele Beispiele erweitern, und dabei würde man einiges über die Verführungskraft innerer Stimmen erfahren, man könnte viel über die Verfolgung durch Geheimdienste und obskure Sekten lernen, und endlich dürfte man auch die Regeln göttlicher Auserwählung verstanden haben.[3] Ganz offenbar übte die Mauer eine große Anziehungskraft auf Menschen mit psychischen Problemen aus. Genau diesen Umstand betonten westliche Kommentatoren immer gern, denn mit dem Hinweis auf eine Geisteskrankheit konnte man die Suche nach weiteren Erklärungen umstandslos einstellen. Zum 25. Jahrestag des Mauerbaus berichtete etwa das Nachrichtenmagazin *Der Spiegel* über einen Mauerspringer, der nach seiner Rückkehr im sozialpsychiatrischen Dienst in Moabit untersucht wurde:

> *»Ein Mediziner erkundigt sich da eher lapidar nach seinem Befinden, um am Ende einen kleinen Gesprächsvermerk anzulegen. Denn in Moabit kennt man ja ›diese Leute‹. Etwa ein halbes Dutzend im westlichen Behördenjargon sogenannter Sperrbrecher landet allein hier per anno im Gefolge seiner wie immer gearteten Eskapaden: schwer Depressive oder Menschen in akuten Lebenskrisen, Alkoholtäter, die im Affekt handeln, oder allem voran […] ›die Weltverbesserer mit dem Rudolf-Hess-Syndrom‹.«*[4]

Dass ausgerechnet ein »sozialpsychiatrischer Dienst« sich nicht weiter dafür interessierte, warum »diese Leute« in den Osten kletterten, lag an der im Westen weitverbreiteten Auffassung, dass ein Mauersprung selbst bereits eine Geistesschwäche ausreichend belege. Über die Mauer in den Osten zu springen war eine verrückte Idee – wer diese auch noch in die Tat umsetzte, konnte einfach nicht normal sein.

Natürlich war das keine Erklärung, sondern nur ein sehr bequemer Zirkelschluss. Und dennoch steckte in dieser Haltung mehr als nur Bequemlichkeit, mit ihr ließ sich das gesamte Phänomen pathologisieren. Die Handlung und der Handelnde wurden nämlich auf die gleiche Stufe gestellt: Der Mauersprung und der Mauerspringer, beide waren sie verrückt. Von einem westlichen Standpunkt aus betrachtet diente diese »Erklärung« vor allem der Beruhigung. Der Schriftsteller Peter Schneider hat die Berliner Mauer einmal als »gruppentherapeutisches Selbsterlebnis« bezeichnet. Sie sei »den Deutschen im Westen zum Spiegel geworden, der ihnen Tag für Tag sagte, wer der Schönste im Lande ist«.[5] Die Schneewittchen-Diagnose ließe sich noch ergänzen. Wer im Westen »Dann geh doch rüber!« sagte, wollte meist gar nicht wörtlich verstanden werden. Es war nur selten als tatsächliche Aufforderung gemeint. Viel häufiger war es der Versuch, Kritiker der westlichen Gesellschaftsverhältnisse mundtot zu machen. Und das mit Erfolg, denn niemand konnte wohl ernsthaft an der Antwort des Spiegels zweifeln. Man lebte schließlich im besseren der beiden Teile Deutschlands.

Die Mauerspringer erschütterten aber genau diese Gewissheit. Sie gingen tatsächlich rüber, und dies oft auch noch unaufgefordert. Der Mauersprung – die konkrete Handlung – war das Abnorme, und wie bei jedem abweichenden Verhalten stellte sich auch hier eine entscheidende Frage: Stimmte etwas nicht mit der Norm, oder stimmte etwas nicht mit dem Normbrecher? Die Geisteskranken wirkten in diesem Zusammenhang einfach wohltuend, denn ihre Mauersprünge lieferten eine klare Antwort: Nur Verrückte ziehen den Osten dem Westen vor. Unwillentlich dienten also psychisch kranke Menschen wie Eduard Still und Heidrun Schwarzer der Selbstvergewisserung im Westen.

Die vorangegangenen Kapitel haben jedoch bereits gezeigt, dass man so einfach nicht von der Handlung auf den Handelnden schließen sollte. Von Geld über Heimweh bis hin zur Liebe gab es durchaus eine Reihe völlig verständlicher Gründe, über die Mauer in den Osten zu klettern. Umgekehrt sollte man ebenso wenig allzu vorschnell den Gemütszustand des Mauerspringers als erschöpfende Erklärung für den Mauersprung gelten lassen. Auch geistig verwirrte Menschen hatten bisweilen gute Gründe für ihr Verhalten. Sicher führten psychische Probleme oft zu krassen Fehleinschätzungen der Machbarkeit des Vorhabens. In dieser Hinsicht war die geistige Verwirrung sicherlich vergleichbar mit übermäßigem Alkoholkonsum. Doch die Motive für den Mauersprung und warum der Osten dem Westen vorgezogen wurde waren meist recht vernünftig.

So sollte es kaum überraschen, dass jemand, der unter Verfolgungswahn litt, hinter der Mauer einen Ort der Zuflucht zu erkennen glaubte. Weder böse Nachbarinnen noch Terroristen würden es wagen, dem Mauerspringer über die Betonrolle, den Kolonnenweg und den Stacheldraht zu folgen. Viele der geistig verwirrten Grenzverletzer sahen in der Mauer tatsächlich einen Schutzwall – also genau das, was die DDR-Propaganda ihr immer zuschrieb. In dieser Hinsicht kam es auch nicht von ungefähr, dass Eduard Still seine Zukunft bei den Grenztruppen sah. Dort wollte er seinen Beitrag dazu leisten, dass die Häscher in West-Berlin eingeschlossen blieben.

Damit nicht genug. Eduard knüpfte weitere positive Hoffnungen an seinen Mauersprung, die nicht weniger vernünftig waren als das Bedürfnis nach Sicherheit. Für ihn bedeutete die Mauer mehr als nur einen Schutzwall – sie diente auch als Projektionsfläche für seine ganz individuelle Vorstellung eines schöneren Lebens. Ihm ging es dabei nicht in erster Linie um ein Leben frei von materiellen Sorgen, auch wenn er schon seit fast zwei Jahren arbeitslos war. Seine Wünsche und Hoffnungen richteten sich vielmehr auf Gefühle, die in West-Berlin nicht erfüllt worden waren. Woran es ihm dort fehlte, waren Geborgenheit und Liebe, beides schien mit dem Sprung in den Osten in greifbare Nähe zu rücken. Geborgenheit – und da war sich Eduard ganz sicher – würde er bei den Truppen finden: Da »habe ich dann meine Kameraden, mit denen ich ins Manöver ziehe«. Die Kameraden würden ihn auch schon kennen und mögen, »denn ich war schon öfter an der Grenze zur DDR. Meistens habe ich dann Zigarettenschachteln, Kuchen und andere Lebens- und Genussmittel über die Mauer geworfen, um den Grenzern, speziell zur Advents- und Weihnachtszeit, eine Freude zu bereiten.« Auch das mit der Liebe hatte er sich genau überlegt, sogar einen konkreten Heiratsplan gab es bereits: »Er habe Zuneigung zu Fräulein Katharina Witt in Karl-Marx-Stadt gefaßt, wo er auch hinziehen würde. In einem Interview äußerte sie: ›Übrigens sei Karl-Marx-Stadt eine schöne Stadt.‹ Über das Wort ›übrigens‹ sei er gestolpert, da er ihr einen Brief mit gleicher Formulierung geschrieben habe.« Sie liebte ihn also auch.[6]

Mit ähnlichen Wunschvorstellungen kletterten viele andere Verwirrte über die Mauer in den Osten. Eduard hatte sogar einen direkten Nebenbuhler, denn auch jener 27-jährige BWL-Student aus Schöneberg, der zwei Jahre später in Berlin-Mitte über die Mauer klettern sollte, wollte unbedingt die Olympiasiegerin im Eiskunstlauf heiraten.[7] Mehrere Mauerspringer wollten zu Verwandten, andere hofften, endlich Arbeit zu finden, wieder andere suchten einfach Erholung: »Ich wollte hier ruhig schlafen, denn ich brauche meine Ruhe, aber ich kann nicht schlafen. Ich habe schon einen Monat nicht richtig geschlafen.«[8] Die eine Wunschvorstellung aber, die von fast allen geteilt wurde, war eine ganz naheliegende: Auf der anderen Seite der Mauer würde man sie nicht länger für verrückt halten. »Man hat mich für geistesgestört erklärt. Ich finde das unerhört.« Viele der psychisch Kranken waren überzeugt davon, dass die Ärzte in ihrem individuellen Fall eine Fehldiagnose gestellt hatten. Wie vernünftig auch dieser Grund für einen Mauersprung war, demonstrierte der Patient einer West-Berliner Nervenklinik, der das Vertrauen in das dortige Gesundheitssystem anscheinend gänzlich verloren hatte. Drei Mal sprang er über die Mauer, um einen DDR-Arzt zu konsultieren.[9] Nach der Diagnose einer schwerwiegenden Erkrankung zunächst eine zweite fachmännische Meinung einzuholen, das ist bis heute die Empfehlung der Krankenkassen. Was gibt es also Rationaleres?

So vernünftig die Motivationen der psychisch kranken Grenzverletzer oftmals waren, so unvernünftig war natürlich der Glaube, dass mit dem Mauersprung die Wünsche in Erfüllung gingen. Das war weniger eine Frage der Ziele als der Methode. Mit anderen Worten: Auch wenn Kati Witt tatsächlich unverheiratet war, würde man ihr wirklich mit einem »illegalen Grenzübertritt« näherkommen? Wäre es nicht besser, einen der regulären Grenzübergänge zu benutzen oder ganz offiziell die Übersiedlung nach Karl-Marx-Stadt zu beantragen? Aber auch hier war die Entscheidung der Mauerspringer nicht immer irrsinnig. Gewiss wählten einige ganz spontan den direkten Weg in die DDR. Doch den meisten fehlte ganz einfach die Alternative, denn oft war der Mauersprung wie bei Heidrun Schwarzer ein verzweifelter zweiter Versuch, nachdem die Einreise über eine Grenzübergangsstelle gescheitert war. Vielen war der offizielle Weg in die DDR von vornherein verbaut, weil die Nervenklinik die Ausweispapiere einbehalten hatte. In diesen Fällen war dann der Sprung ganz buchstäblich die nächstliegende Möglichkeit. So gab es in der Brandenburger Gartenstadt Falkenhöh über die Jahre hinweg eine außerordentliche Häufung von Festnahmen geistig verwirrter West-Berliner. Das war allerdings nicht weiter verwunderlich, denn auf der anderen Seite, in Spandau, lag die Landesnervenklinik – unmittelbar hinter dem Streckmetallzaun. Wer dort in Behandlung war, der hatte bei jedem Spaziergang im Klinikgarten die Grenzanlage direkt vor Augen. Kein Wunder also, dass sich Fluchtgedanken geradewegs darauf richten sollten. Und nicht nur die der Patienten. Einmal war sogar einem Krankenpflegerlehrling alles zu viel geworden. Auch er kletterte hinüber nach Falkenhöh.[10]

Viele hofften also auf einen Neuanfang in der DDR, allerdings nicht alle. Denn für einige lag nichts Erstrebenswertes hinter der Mauer, sondern der Mauersprung selbst war das Entscheidende.[11] Karl-Heinz Groß wollte sich damit »einen Schock versetzen, um seine Heilung voranzutreiben«. Hans Amerungen suchte Aufmerksamkeit, als er »an der Charlottenstraße [...] die Mauer [bestieg] und sang«. Auch Sigurd Schmidt hatte ganz gezielt einen viel besuchten Ort gewählt, als er sich am Brandenburger Tor entkleidete und auf der Mauer stehend sein Portemonnaie in die Luft warf. Der Staatssicherheit erklärte er später, »daß er von der Öffentlichkeit gesehen werden wollte, was ihm persönliche Erleichterung verschafft habe, da er sich vor der Tat in einer depressiven Stimmungslage befand«. Die völlig Verzweifelten erhofften sich von dem Sprung über die Mauer weder einen heilsamen Schock, noch die Befriedigung, zur Kenntnis genommen zu werden. Sie wollten ganz einfach ihrem Leiden ein Ende setzen. »Suizidabsicht« notierte die Staatssicherheit dann im Untersuchungsbericht, um die brutalere Ausdrucksweise aus den Vernehmungsprotokollen etwas abzumildern: »Er überstieg die Mauer um, wie er sagte, abgeschossen zu werden.«[12]

Genau das fürchteten die DDR-Behörden. Im Gegensatz zu den westlichen Kommentatoren wollte man in Ost-Berlin jedoch nicht stillschweigend akzeptieren, dass die psychisch Kranken über die Mauer kletterten, nur weil sie eben psychisch krank waren. Da steckte mehr dahinter, dessen war man sich sicher. Aber deshalb zeigte man nicht etwa mehr Einfühlungsvermögen als der »sozialpsychiatrische Dienst« in Moabit. Stattdessen begegnete die Staatssicherheit den unter Verfolgungswahn leidenden Mauerspringern mit einer eigenen Form der Paranoia. Für das Ministerium stand nämlich eines fest: Hier war eine Verschwörung am Werk. Es kamen so viele psychisch Kranke über die Mauer geklettert, da stand es außer Frage, dass jemand diese bedauernswerten Menschen für eigene Zwecke benutzte. Ganz offensichtlich waren sie von revanchistischen Kreisen, von den Geheimdiensten, der Feindpresse und vielleicht sogar von den Senatsbehörden dazu animiert worden, die Staatsgrenze zu verletzen. Diese »entspannungsfeindlichen Kräfte« wollten die Grenzsoldaten zwingen, auf die Mauerspringer zu schießen, um damit die DDR einmal mehr in Verruf zu bringen. Die Ermittlungen zu diesen Grenzverletzungen wurden deshalb häufig »mit dem Ziel des Nachweises einer gezielten Provokation« geführt.[13]

Allerdings vermochte die Hauptabteilung IX hierfür nur selten belastbares Beweismaterial zusammenzutragen. In einem Fall konnte belegt werden, dass eine West-Berliner Funkstreife den nervenkranken und zudem drogensüchtigen Grenzverletzer unmittelbar vor der Tat aufgegriffen und »in die Nähe der Wiener Brücke an die Staatsgrenze der DDR« gefahren hatte. Dort forderten die Polizisten »den Beschuldigten auf, auszusteigen. Danach äußerten sie, daß er über die Mauer springen könne.« Als dieser dann tatsächlich hochkletterte, hätten die Polizisten »ihren Spaß daran« gehabt.[14] Der Beleg einer solch direkten Beteiligung blieb allerdings die Ausnahme. In anderen Fällen konnte man zwar keine organisierte Provokation nachweisen, aber zumindest zeigen, dass West-Berliner Polizisten, Zollangehörige oder Soldaten der Westalliierten nicht eingegriffen hatten, obwohl der verwirrte Grenzverletzer direkt vor ihren Augen auf die Mauer geklettert war.[15] Die Passivität der Ordnungshüter war sogar dann noch zu beobachten, wenn die DDR-Grenzsoldaten tatsächlich von der Schusswaffe Gebrauch machten: »Nach Abgabe der 2 Warnschüsse öffnete der Schupo das Fenster [seines Postenstands] und sah für kurze Zeit in Richtung Brandenburger Tor. Weitere Reaktionen und Handlungen unternahm der Schupo nicht.« Die West-Berliner Presse zeigte dagegen keinerlei Zurückhaltung. Häufig gab es, zum Ärger der Staatssicherheit, »scharfmacherische Bildberichte über [...] angeblich ›brutale‹ Festnahmen«. Selbst wenn der Betreffende schließlich ohne Strafe nach West-Berlin »zurückgeführt« wurde, kam es oft »erneut zu einer wüsten Hetzkampagne gegen die Sicherheitsorgane der DDR«.[16] All dies fügte sich in deren Augen zusammen zu einem eindeutigen Bild: Der Westen war für die Vorfälle verantwortlich.

Aber wie sollte man dagegen vorgehen? Wie konnte man die West-Berliner Politik dazu bewegen, diese Verantwortung auch tatsächlich zu übernehmen? Es war kaum zu erwarten, dass Kurzmeldungen im *Neuen Deutschland* ausreichten, um eine entsprechende Reaktion der Senatsbehörden hervorzurufen. Ab 1976 versuchte man es deshalb auf dem Weg der direkten Aussprache. Das Forum, das hierfür gewählt wurde, waren die regelmäßigen Konsultationen der »Besuchsbeauftragten« beider Seiten. Offiziell dienten die Gespräche zwischen den Unterhändlern – dem Leiter der Abteilung »Westberlin« im DDR-Außenministerium, Dr. Joachim Mitdank, und dem Besuchsbeauftragten der West-Berliner Senatskanzlei, Gerhard Kunze – der Lösung von Problemen bei der Durchführung der Vereinbarung über den Reise- und Besuchsverkehr vom 21. Dezember 1971.[17] Mit etwas Phantasie konnte man sicher auch die geistig verwirrten Mauerspringer als Teil des Reise- und Besuchsverkehrs betrachten, doch das war nicht die Ursache, warum die DDR-Behörden das Problem hier zur Sprache bringen wollten. Andere Möglichkeiten standen ihnen kaum zur Verfügung, denn aufgrund der umstrittenen völkerrechtlichen Situation gab es nur wenige offizielle Kontakte zwischen der DDR und West-Berlin. Außerdem wäre es unpassend gewesen, das Problem psychisch kranker Grenzverletzer im Rahmen der Diskussionen über Abwasserverbringung oder Denkmalpflege anzusprechen.

Vor nahezu jedem Gesprächstermin wurde das Ministerium für Auswärtige Angelegenheiten nun also von der Staatssicherheit mit einer Liste der Grenzprovokationen versorgt. Diese Informationen dienten der »Unterstützung des offensiven Auftretens des Genossen Dr. Mitdank«, damit dieser aufs schärfste gegen »den Missbrauch [psychisch kranker Personen] für Handlungen gegen die Staatsgrenze« protestieren und dann darauf bestehen konnte, »daß der Senat die volle Verantwortung für alle Folgen zu tragen« habe.[18] Der Genosse machte dann auch regelmäßig und nachdrücklich Gebrauch davon.

Mit gleicher Regelmäßigkeit ignorierte der Besuchsbeauftragte des Senats jedoch den Protest und erklärte sich für unzuständig in solchen Fragen. Er »sei Kommunalbeamter und gewöhnt, Verträge durchzuführen«, nicht aber befugt, diese politische Angelegenheit zu diskutieren.[19] Die Anweisungen, denen er zu folgen hatte, waren in diesem Punkt in der Tat unmissverständlich. In der West-Berliner Senatskanzlei wollte man auf jeden Fall verhindern, dass die DDR die Vorfälle an der Mauer nutzen würde, um durch die Hintertür den völkerrechtlichen Status West- und Ost-Berlins in Frage zu stellen. In den offiziellen Kontakten zwischen dem Senat und dem Außenministerium der DDR war die Mauer nämlich immer auch ein Problem der politischen Semantik. Sobald die Vertreter der DDR sie als »Staatsgrenze«, die Ostsektoren als »Hauptstadt der DDR« oder West-Berlin als »selbständige politische Einheit« bezeichneten, wurde von Senatsseite aus das Gespräch verweigert. Hier beharrte man auf dem Standpunkt, das gesamte Berlin sei unter alliierter Kontrolle und die Mauer nicht mehr als eine völkerrechtswidrige Befestigung der Sektorengrenze.[20]

Aus dieser völkerrechtlichen Position folgte unmittelbar, dass die West-Berliner Politik die »Grenzverletzer WB–DDR« ganz einfach ignorieren musste. Wo keine Grenze war, da konnte keine Grenze verletzt werden. Der Gedanke, auf westlicher Seite ein »›Grenzregime‹ zum Schutze der Mauer und ihrer Bewacher« einzurichten, wurde vom Senat »als absurd abgelehnt«.[21] Was die psychisch kranken Mauerspringer betraf, steckte der DDR-Unterhändler also in einer Sackgasse. Der West-Berliner Senat weigerte sich, auch nur die Existenz des Problems anzuerkennen. So blieb den DDR-Behörden nichts anderes übrig, als weiter zu ermitteln, immer wieder zu protestieren und gelegentlich einen der Grenzverletzer länger festzuhalten.

Zehn Jahre später hatte sich diese Situation grundlegend geändert. Wurde nun ein Mauerspringer im Zustand geistiger Verwirrung und ohne Papiere festgenommen, telefonierten die

Mitarbeiter der Staatssicherheit einfach mit der Ständigen Vertretung der Bundesrepublik Deutschland, die dann innerhalb kürzester Zeit die für eine Identifizierung nötigen Dokumente faxte.[22] Oft wurde diese Hilfestellung mit nützlichen Hinweisen bezüglich des Krankheitszustands des Mauerspringers verbunden wie etwa mit der Warnung, dass der Patient gewalttätig sei und möglicherweise für sich und andere eine Gefahr darstelle.[23] Manchmal riefen die Mitarbeiter der Ständigen Vertretung sogar von sich aus an, beispielsweise um die DDR-Behörden auf eine vorliegende Epilepsieerkrankung aufmerksam zu machen, die dreimal täglich die Einnahme von Medikamenten erfordere.[24] Für die freundliche Unterstützung durch die Westdeutschen bedankte sich die Staatssicherheit dann in den meisten Fällen mit der sofortigen Rückführung des Grenzverletzers.

Mit dem Problem der geistig verwirrten Mauerspringer schien man sich also spätestens in der zweiten Hälfte der achtziger Jahre arrangiert zu haben – beide Seiten arbeiteten nun fast reibungslos zusammen. Selbst in Ost-Berlin hatte man schließlich eingesehen, dass die Mauer Verrückte aller Art einfach magisch anzog. Diese Einsicht schlug sich auch in der Aktenführung der MfS-Mitarbeiter nieder. Im Gegensatz zu den akribischen Untersuchungsberichten der siebziger Jahre wurden ähnliche Fälle ein Jahrzehnt später eher schlampig bearbeitet. Weiterführende Ermittlungen wurden nur noch äußerst selten aufgenommen. Meist beschränkten sich die Mitarbeiter der Staatssicherheit auf lakonische handschriftliche Notizen. Und die ließen erkennen, dass man nun hinter geistig verwirrten Mauerspringern nicht länger eine Fremdsteuerung oder gar eine organisierte Grenzprovokation vermutete: »Es sieht so aus, als ob er aus Klappsmühle in WB entwichen ist«, notierten die Ermittler der Hauptabteilung IX in einem Fall.[25] Über einen anderen Mauerspringer hieß es, er fühle sich »als Pseudo-Terrorist, will mit Minister Mielke absprechen, wie Kohl beseitigt wird, dann zu Gadhafi – usw.«[26] Der Verfolgungswahn der

Staatssicherheit hatte sich offensichtlich gelegt, die Paranoia war einer resignierten Duldung des Phänomens gewichen.

Die veränderte Haltung der Staatssicherheit war allerdings nicht dem Entgegenkommen des West-Berliner Senats zu verdanken, denn dort bestand man bis zum Fall der Mauer im Jahre 1989 auf der eigenen völkerrechtlichen Interpretation. Bezeichnenderweise lief die Kommunikation über das Problem verwirrter und anderer Mauerspringer ausnahmslos über die Ständige Vertretung der Bundesrepublik Deutschland und nicht etwa über die West-Berliner Behörden. Die DDR hatte es ganz offensichtlich aufgegeben, über die Mauerspringer mit dem Senat verhandeln zu wollen, um so die »Staatsgrenze« zur »selbständigen politischen Einheit Westberlin« zu untermauern.

Man könnte nun vermuten, dies wäre allein das Resultat des verbesserten Verhältnisses zwischen den beiden deutschen Staaten gewesen. Mit der Ostpolitik im Allgemeinen und mit der Einrichtung der Ständigen Vertretungen im Besonderen gab es offizielle Gesprächsebenen, die der DDR die Unsicherheit über die eigene staatliche Souveränität etwas genommen hatten. Aber das wäre nur die halbe Wahrheit. Tatsächlich kann nämlich die Veränderung in der Haltung der Staatssicherheit auf einen einzigen geistig verwirrten Grenzverletzer zurückgeführt werden: auf den Kreuzberger Sozialhilfeempfänger Arnold Kabe – den titelgebenden Protagonisten von Peter Schneiders Erzählung *Der Mauerspringer*.

Als der echte Arnold Kabe am 12. April 1974 kurz vor 23 Uhr hinter dem Mariannenplatz zum ersten Mal über die Mauer kletterte, war er im Gegensatz zu seinem literarischen Pendant noch nicht arbeitslos. Aber die Beschäftigung als »Verbrauchsprüfer bei den Berliner Wasserwerken« – vulgo: Wasserzählerableser – füllte ihn genauso wenig aus wie sein West-Berliner Sozialleben. Er war sehr einsam, »wurde von starker Unruhe geplagt, [...] fand keine rechten Beziehungen zur Umwelt und hatte Angst«.[27] Aber vielleicht würde es ihm drüben ja besser gehen. Den Grenzsoldaten, die ihn in Gewahrsam nahmen, sagte er jedenfalls, er spiele mit dem »Gedanken an Übersiedlung in die DDR«.[28] Die anschließende Untersuchungshaft belehrte ihn dann eines Besseren. Nein, in der DDR leben wollte er nun wirklich nicht mehr. Als er aber nach zehn Tagen wieder in Kreuzberg war, wurde ihm bewusst, dass er soeben nicht ausschließlich schlechte Erfahrungen gemacht hatte. Nicht der Aufenthalt in Ost-Berlin, sondern der Sprung über die Mauer hatte ihm ein sonderbares Gefühl beschert, eine innere Ruhe, wie er sie schon lange nicht mehr gespürt hatte.

Vielleicht würde er die gleiche Ruhe auch in West-Berlin finden, jetzt, wo er doch viel mehr Zeit zum Nachdenken hatte. Denn während seines Aufenthaltes in der Untersuchungshaftanstalt des MfS blieben natürlich einige West-Berliner Wasseruhren unabgelesen, und die Wasserwerke nahmen Kabes unentschuldigte Abwesenheit zum Anlass, ihm zu kündigen. Aber auch das neue, arbeitsfreie Leben brachte ihm nicht die erhoffte Ruhe. Im Gegenteil, die Angst kehrte zurück. Einsam verkroch sich Arnold Kabe in seiner kleinen Wohnung in der Nähe des Chamissoplatzes. Die Tür verrammelte er mit Stühlen, und vor das Küchenfenster stellte er leere Flaschen, damit er eventuelle Eindringlinge hören und rechtzeitig flüchten konnte. Und er erinnerte sich an das sonderbare Gefühl, das er beim Überwinden der Berliner Mauer verspürt hatte. Am Abend des 9. Mai 1974, also nur etwa zwei Wochen nach seiner Rückführung, sprang Arnold Kabe zum zweiten Mal über die Mauer in den Osten.

Da es sich bei dem Provokateur um einen Wiederholungstäter handelte, reagierten die DDR-Behörden mit Strenge. Sieben Wochen verbrachte Arnold Kabe in Haft, bevor man ihn am 25. Juni 1974 wieder zurückschickte. Die Angstzustände des Kreuzbergers kamen nun in immer kürzeren Abständen. Diesmal sollte er es nur noch drei Tage in seiner Wohnung aushalten, bevor er an der Lohmühlenstraße erneut über die Mauer kletterte. Dafür wurde er vom Stadtbezirksgericht Mitte zu sechs

Monaten Freiheitsentzug verurteilt. Die Gefängnisstrafe sollte er fast vollständig absitzen, erst am Vormittag des 23. Dezember 1974 wurde er entlassen. Jetzt vergingen allerdings nicht mehr Wochen oder Tage, sondern nur noch Stunden, bevor die Angst unerträglich wurde. Heiligabend hatte noch nicht begonnen, als Kabe um 23.15 Uhr an der Adalbertstraße von den Grenztruppen der DDR in Gewahrsam genommen wurde.

Erneut musste das Stadtbezirksgericht Mitte sich mit dem Mauerspringer beschäftigen. Diesmal wurde er zu 18 Monaten Freiheitsentzug verurteilt, die er in der Strafvollzugsanstalt Berlin-Rummelsburg verbringen sollte. Es hätte allerdings noch viel schlimmer kommen können, wäre ihm von der Psychiaterin des Klinikums Buch nicht eine verminderte Schuldfähigkeit bescheinigt worden. Das ärztliche Gutachten stand im Widerspruch zur Einschätzung der Staatssicherheit, die Arnold Kabe in einer internen Studie zur »Provokationstätigkeit aus dem Westberliner Grenzvorfeld« noch als besonders eifrigen maoistischen Grenzprovokateur bezeichnete.[29] Was sollte man mit ihm anfangen?

Vielleicht konnte man Arnold Kabe zu Geld machen? Wenn man ihn im Rahmen der Häftlingsfreikäufe der Bundesrepublik anbieten würde, könnte man sich wenigstens 40 000 Westmark für den ganzen Aufwand sichern. Mit Zustimmung der Staatssicherheit wurde sein Name also auf die Vorschlagsliste für die nächste sogenannte humanitäre Aktion gesetzt. Doch die Westdeutschen lehnten es ab, für die Freilassung des Kreuzbergers zu bezahlen.[30] Zum einen war der dort zuständige Rechtsanwalt Dr. Jürgen Stange prinzipiell nicht bereit, Mauerspringer auszulösen. Er sollte DDR-Bürger freikaufen und nicht etwa Ost-Berlin dazu animieren, mit der Inhaftierung von West-Berlinern oder Westdeutschen seine Erlöse zu maximieren. Zum anderen kam bei Arnold Kabe noch erschwerend hinzu, dass es sich um eine riskante Investition handelte. Man konnte nicht sicher sein, dass dies sein letzter Mauersprung gewesen wäre.

Obwohl Rechtsanwalt Stange die Zahlung also verweigerte, verfrachteten die DDR-Behörden den Mauerspringer dann aber doch in einen der Omnibusse, in denen die freigekauften politischen Häftlinge am Grenzübergang Hirschberg–Rudolphstein nach Bayern gebracht wurden. Man hoffte, Arnold Kabe würde in Westdeutschland bleiben; zumindest konnten DDR-Grenzbeamte ihn an der Rückreise nach Berlin hindern, sollte er einen Transit per Auto oder Bahn versuchen.

Man hätte jedoch ahnen können, dass ein Mann wie Arnold Kabe nicht die Transitstrecke benutzen, sondern den direkten Weg vorziehen würde. Drei Tage nach seiner Ausweisung wurde er im Kreis Oelsnitz in Sachsen festgenommen, nachdem er von Bayern aus die innerdeutsche Grenze illegal überwunden hatte. Da er kurz darauf nach West-Berlin abgeschoben wurde, konnte seine nächste Grenzverletzung am 22. April 1976 wieder im vertrauten Kreuzberg stattfinden. Als er wiederum vier Monate später an der Lohmühlenstraße zum siebenten Mal »angefallen« war, dürfte der Staatssicherheit allmählich gedämmert haben, dass selbst Maoisten nicht so hartnäckig waren. Der Mauerspringer verbrachte die nächsten sechs Wochen in der Psychiatrie in Buch, um dort noch einmal genauer untersucht zu werden. Die Ärztin stellte eine dramatische Verschlechterung seines Gesundheitszustandes fest, diagnostizierte eine »endogene Psychose schizophrener Symptomatik«, die eine stationäre Behandlung erforderlich mache, und kam zu dem gutachterlichen Schluss, dass Arnold Kabe mit den »täglichen Anforderungen des Lebens« nicht zurechtkomme. Er wurde für schuldunfähig erklärt und mit einer Kopie des Gutachtens am 9. September 1976 den Gesundheitsbehörden in West-Berlin übergeben. Der Vertreter des DDR-Außenministeriums protestierte gegen die Untätigkeit des Senats bei Grenzverletzungen dieser Art und forderte diesen auf, den Mauerspringer in eine psychiatrische Klinik einzuweisen.

Zunächst sollte das auch geschehen, doch nur für wenige

Monate. Schon am 17. Januar 1977 konnte Arnold Kabe die Klinik wieder verlassen. Die West-Berliner Ärzte hatten nichts feststellen können, das eine Zwangseinweisung gerechtfertigt hätte. Die Angst hatten sie ihm jedoch nicht genommen. Vier Tage später setzte er zu einem erneuten Sprung an der Lohmühlenstraße an und im Verlauf des Jahres vier weitere Male am gleichen Ort – es schien, als habe er dort seine Lieblingsstelle für die Grenzdurchbrüche gefunden. Nur wollte sich der beruhigende Effekt auf sein Gemüt nicht mehr so recht einstellen. Doch er hatte nun einen anderen Beweggrund für die unablässigen Mauersprünge. Als man ihn am 2. August 1977 um 15 Uhr einmal mehr unter Protest den West-Berliner Gesundheitsbehörden übergab, erklärte ihm der dortige Amtsarzt, dass ihn das nächste Mal sicher eine »blaue Bohne« erwarten würde. Keine sieben Stunden später wollte er genau dies provozieren, als er in »Verwirklichung dieser Absicht« den nächsten Sprung wagte. Nach einem weiteren Aufenthalt in der Psychiatrie in Buch wurde er am 23. September 1977 wieder nach West-Berlin gebracht, nur um am gleichen Tag erneut zu versuchen, »abgeschossen« zu werden. Arnold Kabe sah einfach keinen Sinn mehr in seinem Leben.

Da die Grenzsoldaten bekanntermaßen den Befehl hatten, Republikfluchten wenn nötig auch mit der Waffe zu verhindern, konnte nicht mit Sicherheit ausgeschlossen werden, dass es Arnold Kabe vielleicht sogar gelingen würde, seine eigene Erschießung zu provozieren. Eine Verwechselung der Fluchtrichtung durch die jungen Grenzsoldaten war gerade in den Nachtstunden irgendwann einmal ohne weiteres denkbar. Gegen diese Eventualität wollten sich die DDR-Behörden zumindest öffentlich absichern. In Abstimmung mit der Staatssicherheit sandte der Leiter der Abteilung »Westberlin« des DDR-Außenministeriums, Joachim Mitdank, am 27. September 1977 eine offizielle Protestnote an den Chef der Senatskanzlei und forderte diesen auf, den elfmaligen Verletzer der Staatsgrenze der

DDR nunmehr einweisen zu lassen. Am Tag darauf machte das *Neue Deutschland* unter der Überschrift »Westberliner Behörden begünstigen Grenzverletzer« die Geschichte mit einer klaren Schuldzuweisung an den Senat publik. Wegen erwiesener Schuldunfähigkeit schickte man den Mauerspringer aber am gleichen Morgen wieder nach West-Berlin.

Dem bekannten Muster folgend, war Kabe natürlich am Abend wieder im Gewahrsam der Staatssicherheit. Nur für ihn hätte man vielleicht an der Lohmühlenstraße eine Tür in die Mauer einbauen sollen, doch war das Klettern so anstrengend dann auch wieder nicht. Genau vor der Mauer stand nämlich eine alte Wasserpumpe, die ihm den Aufstieg sehr leicht machte. In Ost-Berlin hatte man nun endgültig genug von Arnold Kabe. Wenn die West-Berliner ihn nicht in einer psychiatrischen Klinik verwahren wollten, musste man es selbst tun. Das Stadtbezirksgericht Pankow verfügte also die Zwangseinweisung des Patienten in das Klinikum Buch – auf unbestimmte Zeit.

Das wiederum schien die West-Berliner Seite auch nicht beabsichtigt zu haben, denn ganz unerwartet zeigte nun der Besuchsbeauftragte des Senats plötzlich Interesse an dem Fall. In der turnusmäßigen Gesprächsrunde mit Joachim Mitdank insistierte Gerhard Kunze zwar noch immer, er sei nicht zuständig, »inoffiziell bemerkte er jedoch, [dass] gegebenenfalls eine verstärkte Überwachung der Grenze erfolgen [könne], wenn dem Senat nähere Einzelheiten über den Ort der Grenzverletzungen des Kabe mitgeteilt würden«.[31] Unverzüglich erstattete Außenminister Oskar Fischer dem Staatsratsvorsitzenden Erich Honecker, dem Ministerkollegen Erich Mielke und dem für internationale Beziehungen zuständigen ZK-Mitglied Hermann Axen Bericht über diesen ebenso überraschenden wie durchschlagenden Erfolg. Zum ersten Mal schien der Senat bereit, die Mauer von westlicher Seite aus zu sichern! Die Bedeutung dieser Ankündigung ging weit über den Problemfall Kabe hinaus – die Mauer wäre damit als »Staatsgrenze« de facto anerkannt worden. Sogleich hob man also die Zwangseinweisung wieder auf. In der Begründung des Gerichtsbeschlusses hieß es, nun seien die Voraussetzungen dafür geschaffen, dass Arnold Kabe in Zukunft nicht mehr die Gesetze der DDR verletzen könne. Am 25. Oktober 1977 überstellte man ihn wieder nach West-Berlin und teilte dem Senat mit, dass er in der Vergangenheit fast immer an der Lohmühlenstraße die Staatsgrenze der DDR verletzt habe. Am folgenden Tag wurde Arnold Kabe um 21.58 Uhr von DDR-Grenzsoldaten festgenommen, nachdem er an der Puschkinallee über die Mauer geklettert war, circa 800 Meter nördlich seiner sonst bevorzugten Stelle. Auf die Frage, warum er nicht an der Lohmühlenstraße herübergekommen sei, erklärte er, irgendjemand habe dort die alte Wasserpumpe abmontiert. In Sachen Grenzsicherung hatte der Senat also ganze Arbeit geleistet.

Am 27. Oktober 1977 kamen dann die Vertreter der Ministerien für Staatssicherheit und für Auswärtige Angelegenheiten zu einer Krisensitzung zusammen, um das weitere Vorgehen im Fall Kabe abzustimmen. Man beschloss, den Grenzverletzer erneut auf unbestimmte Zeit in die Psychiatrie Buch einzuweisen. Dem Senat wurde mitgeteilt, Kabe werde erst dann wieder zurückgeführt, wenn die West-Berliner Seite schriftlich zusichere, dass sie endlich geeignete Maßnahmen ergreife, um weitere Grenzdurchbrüche zu verhindern. Außerdem werde man von nun an die Kosten für die ärztliche Behandlung des Mauerspringers vierteljährlich in Rechnung stellen, um »die Westberliner Seite ständig an Kabe zu erinnern«.

Nach einigen Monaten gab der Senat die gewünschte Zusicherung und unternahm in der Folgezeit tatsächlich auch einige Anstrengungen, um weitere Eskapaden Arnold Kabes zu verhindern. Zunächst brachte man ihn in einer West-Berliner Klinik unter – wo er seinen ersten Freigang ohne Begleitung prompt zu einem Mauersprung nutzen sollte. Dann wurde er in eine geschlossene Anstalt in Süddeutschland verlegt – von wo er während einer Faschingsfeier durch ein geöffnetes Fenster entkam, mit dem Flugzeug nach Berlin reiste und wieder einmal sprang. Es sollte eine ganze Weile dauern, bevor man den Kreuzberger Sozialhilfeempfänger unter Kontrolle bringen konnte. Insgesamt umfasste die Karriere des Arnold Kabe achtzehn Mauersprünge und eine Verletzung der innerdeutschen Grenze, bevor sich seine Spur in den Akten der Staatssicherheit verliert. Für das MfS – und damit mittelbar auch für fast alle nachfolgenden psychisch kranken Mauerspringer – markierte die Geschichte des hartnäckigen Grenzverletzers einen Wendepunkt. Denn mit der Entscheidung, dem Senat die Behandlungskosten für Arnold Kabe in Rechnung zu stellen, änderte sich die Einschätzung der Staatssicherheit ein weiteres Mal. Anfangs hatte man in dem Kreuzberger Wasserableser einen maoistischen Provokateur gesehen. Nachdem seine psychische Erkrankung zweifelsfrei erwiesen war, nahm man an, er sei zu seinen Mauersprüngen animiert worden. Später war man dann sicher, dass die Grenzverletzungen durch die Untätigkeit des Senats willentlich begünstigt wurden. Als man selbst davon nicht mehr überzeugt sein konnte, hatte man in Ost-Berlin kurzzeitig die Hoffnung, seinerseits das bedauernswerte Schicksal des Herrn Kabe ausnutzen zu können, um die West-Berliner zu einer Bewachung der Mauer zu zwingen. Nachdem sich dann auch diese Hoffnung zerschlagen hatte, wollte man schließlich und endlich nur noch das eine: Geld. Auch wenn der erste Versuch gescheitert war, aus Arnold Kabe im Rahmen des Häftlingsfreikaufs Kapital zu schlagen, aus dem »Provokateur« sollte schließlich doch noch eine »Einnahmequelle« werden.

Zu einer solchen wurde er allerdings mit einiger Verzögerung, denn der Senat war nicht dazu bereit, Kabes Behandlungskosten zu tragen.[32] Selbst in dieser simplen finanziellen Form wurde die Zusammenarbeit verweigert, weil der DDR-Unterhändler die Rechnungslegung noch immer mit dem Verweis auf die fortwährenden Grenzverletzungen verband. Sogar auf einem

Überweisungsformular konnte sich also die Berliner Mauer als Problem der politischen Semantik verstecken. Die Rechnungen zu begleichen wäre aus Sicht des West-Berliner Senats noch immer gleichbedeutend mit ihrer Anerkennung als Staatsgrenze der DDR gewesen. Und das war nach wie vor unmöglich.

Mit jedem weiteren Mauersprung von Arnold Kabe stiegen die geforderten Beträge, von zunächst 15 694 DM auf zuletzt 55 414 DM.[33] Nun sollten sie endlich die »Summe der Kosten eintreiben«, verlangte Erich Mielke von seinen Mitarbeitern mit einer verärgerten handschriftlichen Notiz auf einem der vielen Berichte.[34] Dass es der Staatssicherheit am Ende in der Tat nur noch um Geld ging, wurde in dem Moment überdeutlich, als das DDR-Ministerium schließlich den Rat des Senatsbeauftragten befolgte und sich mit seinem Anliegen an die Ständige Vertretung der Bundesrepublik Deutschland wandte. Nach einem sehr ernstzunehmenden Suizidversuch des Mauerspringers in der Psychiatrischen Klinik in Buch war man in der Ständigen Vertretung ohne viel Aufhebens bereit, die Kosten seiner Behandlung im Rahmen des deutsch-deutschen Gesundheitsabkommens zu verrechnen. Die Mauersprünge des Arnold Kabe waren zu einem Präzedenzfall geworden – in Zukunft sollten die DDR-Behörden sich in vergleichbaren Angelegenheiten immer an die Ständige Vertretung wenden. Dass die DDR-Behörden das finanzielle Angebot akzeptierten, bedeutete nicht weniger als die Aufgabe des Versuchs, mit den »Grenzprovokationen« der geistig verwirrten Mauerspringer den Senat dazu zu zwingen, die Mauer als »Staatsgrenze« zu bestätigen.

Besonders rühmlich hatte man sich allerdings im Falle Arnold Kabes weder in West- noch in Ost-Berlin verhalten. Über mehrere Jahre hinweg wurde ein psychisch kranker Mensch nicht davor bewahrt, sich wiederholt in Lebensgefahr zu begeben. Und dies nur, weil die Benennung des Hindernisses, über das Arnold Kabe kletterte, umstritten bleiben musste: befestigte Staatsgrenze oder unmenschliche Mauer? Wer hatte nun das makabre Spiel gewonnen? Sicher, die DDR erhielt schließlich die gewünschten Devisen, doch mit ihrem zentralen Anliegen, der völkerrechtlichen Anerkennung der Staatsgrenze, war sie gescheitert. In der Folge zeigte sich die Ständige Vertretung im Fall Arnold Kabe sehr kooperativ. Kurz vor dem sechzehnten Mauersprung des Kreuzbergers rief einer ihrer Mitarbeiter beim Ministerium für Auswärtige Angelegenheiten an, um vorzuwarnen, dass der »unglückselige Herr Kabe [...] aus einer geschlossenen Anstalt in Westberlin entsprungen [ist]. Es wird nach ihm gesucht. Mit Rücksicht auf die vorangegangenen Ereignisse lässt es sich nicht ausschließen, daß er sich auf die Grenze zubewegt. Es war vorgesehen, ihn in den nächsten Tagen auszufliegen. Durch seine Flucht ist er dieser Maßnahme zuvorgekommen. Wir möchten unser außerordentliches Bedauern für dieses Vorkommnis aussprechen.«[35]

Doch auch die von »außerordentlichem Bedauern« geprägte neue Zusammenarbeit konnte für einen anderen psychisch kranken Mauerspringer das Schlimmste nicht verhindern, wie sich kurze Zeit später zeigen sollte. Am 16. März 1981 gegen 11 Uhr bestieg der geistig verwirrte Dr. Johannes Muschol in Berlin-Reinickendorf die Mauer, sprang hinunter und rannte – »Ich will in den Osten« rufend – durch den Kontrollstreifen. Er schaffte es sogar noch, auf die Hinterlandmauer zu klettern, und rief dabei weiter: »Ich komme durch, ich lasse mich nicht kriegen.«

»Durch die Angehörigen der Grenztruppen der DDR wurden auf den Provokateur drei gezielte Schüsse abgegeben, in deren Folge er von der Krone der Hinterlandsicherungsmauer herunterfiel. [...] Der Provokateur ist den durch die Schußwaffenanwendung erlittenen Verletzungen unmittelbar erlegen.«[36]

Lenné-Dreieck, Tiergarten/Mitte, 1988

Republikflucht

Nur wenigen Gästen des Restaurants »Vitrium« ist wohl bewusst, dass sie an einem kulinarhistorisch bedeutsamen Ort speisen. Denn genau dort, wo sich heute das mit einem Michelin-Stern ausgezeichnete Nobelrestaurant des Berliner Hotels »Ritz-Carlton« befindet, kochte gegen Ende der achtziger Jahre die »Volxküche«. Der Speiseplan jener Restauration ist zwar nicht überliefert, doch ist mit einiger Sicherheit davon auszugehen, dass darauf das »Aiguillette von der Sankt Jakobsmuschel mit Golden Imperial Kaviar und Seeigelsamtsoße« fehlte.[1]

Das schmälert jedoch keineswegs die Leistungen der »Volxküche«, denn auch hier wusste man genau, wonach den Gästen der Sinn stand. Sie waren wohl weniger an kulinarischem Hochgenuss als an Kraftnahrung interessiert, denn sie hatten eine schwere Aufgabe zu erfüllen: Sie mussten eine vier Hektar große Brachfläche zwischen Berliner Mauer, Bellevue- und Lennéstraße gegen die West-Berliner Polizei verteidigen. Mit der Besetzung des sogenannten Lenné-Dreiecks und der Errichtung eines Hüttendorfes sollte verhindert werden, dass der Senat den Bau der geplanten Westtangente aufnahm und damit den Autobahnring um die Stadt schloss.

Diese bizarre deutsch-deutsche Grenzgeschichte begann aber nicht erst, als im Frühjahr 1988 die ersten Umweltschützer dort ihre Zelte aufschlugen, sie trat vielmehr in ihr letztes Stadium. Begonnen hatte alles mit dem Mauerbau von 1961. In einigen Abschnitten wurde der »antifaschistische Schutzwall« damals nicht genau auf der Sektorengrenze errichtet, sondern etwas auf Ost-Berliner Gebiet zurückgesetzt. Die Maßnahme diente der Begradigung des Mauerverlaufs, und dafür hatten die Bauherren in der DDR zwei ganz pragmatische Gründe. Zum einen ließ sich eine Menge Baumaterial einsparen, wenn die Mauer nicht jeden Winkel des Grenzverlaufs nachzog. Der zweite Grund lag in einer Effektivitätssteigerung der Grenzsicherung. Die Beobachtungsposten würden einen geraden Kontrollstreifen sehr viel besser einsehen können, als eine verwinkelte Mauer. Für die Begradigung musste die »pioniertechnische Anlage« meist nur wenige Meter von der Sektorengrenze abweichen. An bestimmten Stellen war es jedoch unvermeidlich, dass ein größeres »vorgelagertes Territorium« entstand. So wurde durch den Bau des schnurgeraden Mauerabschnitts zwischen dem Potsdamer Platz und dem Brandenburger Tor das Lenné-Dreieck als eine der größten Flächen dieser Art abgeschnitten. Obwohl westlich der Mauer, standen die Zelte der Umweltschützer also auf dem Territorium der DDR.

Schützenswerte Natur gab es im Lenné-Dreieck, ohne Frage. Hier, mitten in Berlin, wurden nicht weniger als 161 Pflanzenarten gezählt. Das hatte aber nicht etwa der berühmte Gartenarchitekt geplant, nach dem das Areal benannt war. Die Vielfalt der Vegetation war von sich aus entstanden, nachdem die DDR-Behörden das Gelände in den frühen sechziger Jahren eingezäunt hatten. Gelegentlich betraten DDR-Grenzsoldaten das »vorgelagerte Territorium« durch eine eigens für diesen Zweck in die Mauer eingelassene Tür, etwa um Obdachlose zu vertreiben, die dort übernachten wollten. Sonst aber war das Lenné-Dreieck der Natur überlassen; Ende der achtziger Jahre war es deshalb fast vollständig überwuchert.

Die Grenzsoldaten verwiesen auch die Umweltschützer zunächst des Geländes, doch als diese dann ein ums andere Mal zurückkehrten, ließ man sie schließlich gewähren. Was auch nur folgerichtig war, hatte die DDR die Besetzung doch selbst ermöglicht. Denn kurz zuvor hatten Grenzsoldaten den Zaun abgebaut, der das Dreieck 27 Jahre umschloss. Nach langem Hin und Her hatte die DDR-Regierung sich mit dem West-Berliner Senat auf einen umfassenden Gebietsaustausch verständigt. Insgesamt 16 Mauerenklaven und -exklaven sollten den Besitzer wechseln: Zwölf Gebiete der DDR sollten an West-Berlin fallen, das dafür seinerseits vier Gebiete an die DDR abtreten würde. In Flächen gemessen war der Tausch allerdings ausgewogen. West-Berlin gab 87 Hektar an die DDR bzw. Ost-Berlin ab, bekam dafür aber 93 Hektar als Gegenleistung. Damit der Austausch überhaupt zustande kommen konnte, musste der West-Berliner Senat jedoch zusätzlich 76 Millionen Mark an die finanziell angeschlagene DDR überweisen. Das war nicht etwa der Preis für die sechs Hektar, die West-Berlin hinzugewonnen hatte, sondern verstand sich als »Wertausgleich«, da zumindest eine der Flächen aufgrund ihrer Lage als sehr wertvoll eingeschätzt wurde: das Lenné-Dreieck.[2]

Der Vertrag über den Gebietsaustausch sah vor, dass das Lenné-Dreieck am 1. Juli 1988 an West-Berlin fallen sollte. Aber schon in der letzten Maiwoche hatten die Umweltschützer sich dort niedergelassen, und kurze Zeit später gesellten sich auch Punks, Anarchisten sowie mehr oder minder gewaltbereite Mitglieder der linksalternativen und der autonomen Szene hinzu. Die Zelte wurden durch Hütten ersetzt, und rasch entwickelte sich die Bebauung um den Dorfanger, den die Bewohner »Pesttangente« tauften. Die »Volxküche« stellte die Essensversorgung sicher, ein kleiner Bauernhof bereicherte das Besetzerleben, der dorfeigene Piratensender Radio Sansibar lieferte die revolutionäre Begleitmusik, und über allem wehte die Totenkopffahne. Auf einer der unvermeidlichen Vollversammlungen wurde beschlossen, das besetzte Areal in »Norbert-Kubat-Dreieck« umzubenennen, nach einem jungen Demonstranten, der nach den Krawallen am 1. Mai des Vorjahres in Polizeigewahrsam Selbstmord begangen hatte. Nun prangte an der Berliner

Mauer ein neues Schild: »Checkpoint Norbie – Achtung Reisende! Sie verlassen jetzt den Norbert-Kubat-Sektor. Vor dem Weitergehen wird gewarnt«.

Hatten die ersten Besetzer des Dreiecks noch den Schutz der Umwelt und die Verhinderung der Westtangente im Sinn, ging es der nachrückenden Verstärkung wohl eher darum, den herrschaftsfreien Raum zu verteidigen, den das protokapitalistische Interregnum für die nächsten fünf Wochen herstellen sollte. Denn obwohl es von den DDR-Grenzsoldaten nicht länger kontrolliert wurde, war das Lenné-Dreieck immer noch Ost-Berliner Gebiet. West-Berliner Ordnungshüter durften das Areal vor der formellen Übergabe nicht betreten. Ausschlaggebend hierfür war gewissermaßen eine Verkehrung der Fronten in der ständigen Auseinandersetzung um die Anerkennung der Staatsgrenze. Wiederholt hatten sich die West-Berliner Behörden geweigert, den Osten der Stadt als Teil der DDR und damit die Mauer als Staatsgrenze anzuerkennen. Völkerrechtlich hatte man sich immer auf den Standpunkt gestellt, die gesamte Stadt sei unter alliierter Kontrolle. Fast wären sogar die Verhandlungen über den Gebietsaustausch an dieser Haltung gescheitert. Erst als in dem Vertragsentwurf jeglicher Hinweis auf die »Hauptstadt der DDR« getilgt worden war, fanden sich die Vertreter des Senats zur Unterschrift bereit. Die Besetzung des Lenné-Dreiecks konfrontierte die West-Berliner Behörden nun erstmals mit der Kehrseite ihres eigenen Standpunktes. Da man auf dem Viermächtestatus beharrte und die Sektorengrenzen als die einzig gültigen betrachtete, musste man folglich auch anerkennen, dass das Lenné-Dreieck bis zum 1. Juli 1988 im sowjetischen Sektor lag. Nur die Sowjets konnten also etwas gegen die Besetzung unternehmen. Der Dienstweg erwies sich hierbei aber als aussichtslos. Als die britische Stadtkommandantur mit den russischen Kollegen Kontakt aufnahm und sie ersuchte, das Gebiet doch bitte räumen zu lassen, war die Reaktion wie zu erwarten kühl und ablehnend: Das Gelände gehöre zum Territorium der souveränen DDR, und diese sei dafür verantwortlich. Die DDR zeigte jedoch kein Interesse, sich hier einzumischen. Und so blieb der West-Berliner Polizei nicht viel anderes übrig, als das Hüttendorf zu beobachten und abzuwarten.

Anfang Juni verschärfte sich die Situation, als in einer Pressemeldung der Polizei behauptet wurde, ein Bewohner des Hüttendorfs hätte die Beamten mit einer Pistole bedroht. Man habe den jungen Mann kurze Zeit später außerhalb des besetzten Geländes festnehmen wollen, doch einer heranstürmenden Menge von Besetzern sei es gelungen, die Festnahme gewaltsam zu vereiteln. Bei den Polizisten, die am Dreieck eingesetzt wurden, musste diese Meldung zwangsläufig bittere Assoziationen wecken und wohl auch deren Aggressivität steigern. Nur acht Monate zuvor waren zwei ihrer Kollegen an der Startbahn-West erschossen worden. Anlass der Demonstration im Frankfurter Stadtwald war der Jahrestag der Räumung des dortigen Hüttendorfs gewesen.

Einige Kommentatoren vermuteten, bei der Pressemeldung der Berliner Polizei habe es sich um eine gezielte Eskalation durch deren Führung gehandelt. Denn der bedrohliche Demonstrant war der völlig harmlose Christian S., stadtbekannt als »Mann mit der Holzkamera«. Wenn er nicht gerade bei Demonstrationen mit seinem Apparat aus Pressspan die Polizisten und V-Leute »filmte«, konnte man dem geistig behinderten 19-Jährigen in der U-Bahn begegnen, wo er mit einem Holzmikrophon demoskopische Umfragen durchführte. Auch die Polizei wusste, dass Christian Gewalt ablehnte und seine Pistole nur Wasser enthielt. Bei der Handfeuerwaffe handelte es sich also nicht um Kaliber 9 Millimeter, sondern eher um Kaliber 330 Milliliter.

Nach der Pressemeldung wurde aus der Beobachtungs- eine echte Belagerungssituation. Beide Seiten machten sich daran, die Fronten zu befestigen. Zunächst ließ Innensenator Wilhelm Kewenig (CDU) das Lenné-Dreieck wieder einzäunen, diesmal von West-Berliner Seite aus. Offiziell galt die Maßnahme dem Schutz der Bevölkerung. Man solle das Gelände vorerst nicht betreten, denn in der Vergangenheit seien in der Nähe größere Mengen scharfer Munition aus dem Zweiten Weltkrieg gefunden worden. Es sei daher zu vermuten, dass auch am Lenné-Dreieck Explosionsgefahr bestehe. Nicht erklären wollte man, warum mit der Zivilschutzmaßnahme um drei Uhr morgens begonnen worden war, und auch nicht, wofür genau man dabei »50 Polizeiwannen, vier Wasserwerfer und etliche Gefangenentransporter« gebraucht hatte.[3] Demnach hatten dem »Schutz der Bevölkerung« auch die 150 Polizisten zu dienen, die von nun an im Schichtbetrieb das Gelände sichern sollten.

Tatsächlich hoffte der Innensenator freilich, das Hüttendorf vom Nachschub an Nahrungsmitteln und Baumaterialien abschneiden zu können, um so den Zustrom weiterer Besetzer zu verhindern. Das wollte nicht so recht gelingen, und der Grund dafür war einmal mehr die Grenzsituation. Der Zaun durfte nämlich nicht ganz bis an die Mauer heranreichen; denn auch neben dem Lenné-Dreieck befand sich ein Streifen »vorgelagertes Territorium der DDR« oder »Unterbaugebiet«, wie es im Sprachgebrauch des West-Berliner Senats hieß. Im morgendlichen Schatten der Mauer blieb also eine schmale Gasse, durch die die Bewohner und Gäste des Hüttendorfs hinein und hinaus gelangten. Die Besetzer begannen nun ihrerseits, Gräben auszuheben, Schutzwälle zu errichten und einen mehrere Meter hohen Aussichtsturm zu bauen, von dem aus sie die Bewegungen des Gegners verfolgen konnten. Politiker der West-Berliner Alternativen Liste verglichen die nun entstandene Situation gar mit der »türkischen Belagerung von Byzanz«.

Im Lauf der folgenden zwei Wochen wurde der Konflikt zunächst unappetitlich, dann laut und schließlich gewalttätig. Als erste Kampfmaßnahme entfernten Polizisten den WC-Container der Besetzer und drehten die Wasserversorgung ab; daraufhin legten die Hüttenbewohner Plumpsklos an und verzichteten darauf, sich zu waschen. Im Anschluss begann die Polizei, das Hüttendorf nachts mit ohrenbetäubender Musik und mit Weckansagen zu beschallen, um den Widerstand der Besetzer durch Schlafentzug zu brechen. Diesem Zermürbungsversuch entzogen die Demonstranten sich, indem sie im Rotationsverfahren das Dorf verließen, um zu Hause einige Stunden Schlaf nachzuholen und zu duschen. Bald darauf kam es zu ersten Gefechten mit Wasserwerfern auf der einen und Steinen und Zwillen auf der anderen Seite. Scheinbar ungerührt hielten die Grenzsoldaten der DDR den langsam eskalierenden Stellungskrieg unter ständiger Beobachtung. In den Nächten des 19. und 20. Juni folgten schließlich schwere Ausschreitungen, bei denen die Hüttenbewohner auch Feuerwerkskörper und »Mollies« auf die Polizisten warfen. Doch die Gegenseite hatte ebenfalls aufgerüstet. Neben dem Einsatz von vier Wasserwerfern wurden auch rund 1000 Tränengaskartuschen verschossen. Ein Vertreter der Besetzer sprach von »bürgerkriegsähnlichen Zuständen«. Und der Westwind wehte die Gasschwaden über die Mauer in den Osten, sodass die *taz* am nächsten Morgen titelte: »West-Berlins Polizei bringt DDR-Grenzer zum Heulen«. Dass das so nicht stimmte, davon konnten sich die Leser in derselben Ausgabe der Zeitung überzeugen. Wie einige andere Zeitungen auch, brachte die *taz* das gespenstische Foto der DDR-Grenzsoldaten, wie sie mit russischen Gasmasken auf dem Kopf das Schlachtfeld über die Mauerkrone hinweg beobachteten.

Auch wenn man die Gesichter hinter den Masken nicht erkennen konnte, schien klar zu sein, welcher der beiden Seiten die Sympathie der DDR-Grenztruppen galt. Per Megaphon forderten sie die West-Berliner Polizei auf, den Beschuss des DDR-Territoriums »sofort einzustellen«. Am Tag darauf erhielten die Besetzer des Lenné-Dreiecks auch den publizistischen Beistand des DDR-Regimes, als im *Neuen Deutschland* über den »unmenschlichen Polizeiterror« berichtet wurde. Die *Berliner Zeitung* beschuldigte die West-Berliner Polizei, mit ihren Tränengasgeschossen direkt auf die Menschen gezielt zu haben, und das FDJ-Organ *Junge Welt* wurde noch deutlicher: »Es war wie im Gaskrieg«.[4]

Die beiden Krawallnächte ließen für den Tag der Übergabe des Lenné-Dreiecks nichts Gutes erwarten. Einer gewaltsamen Räumung des Geländes durch die West-Berliner Polizei würde dann nichts mehr im Wege stehen, und so mancher befürchtete ein Gemetzel. Doch am 1. Juli 1988 um null Uhr passierte zunächst gar nichts. Erst in den frühen Morgenstunden begannen 900 Polizisten, auf das besetzte Gelände vorzurücken. Mit »neuartigen Großschilden aus Tischlerplatte« versuchten sie sich vor Molotowcocktails zu schützen. Über ihnen kreiste ein britischer Militärhubschrauber, der die Gegenwehr der verbliebenen 240 Hüttendörfler zur späteren Strafverfolgung dokumentieren sollte.

Doch der Test der neuen Schutzschilde musste verschoben werden, und auch die »Luftaufklärung« hatte wenig aufzuklären, denn die Gegenwehr blieb aus. Nur vereinzelt flogen Steine; das Gros der Besetzer folgte dem Megaphonaufruf aus den eigenen Reihen: »Keine Gewalt!« Es gab sogar die »Erklärung einer symbolischen gewaltfreien Sicherheitslinie mit Übergabe von Molotowcocktailkörben an die Weltpresse«. Doch mit solch späten Gesten der Gewaltlosigkeit wollte sich die Polizei nicht von der Erfüllung ihres Auftrags abbringen lassen. Die Beamten rückten also weiter vor, das Gelände sollte schließlich vollständig geräumt werden. Es sah nun ganz so aus, als würde den zurückweichenden Bewohnern des Hüttendorfs genau das blühen, was ein Jahr zuvor 861 Demonstranten auf dem Heiligengeistfeld in Hamburg widerfahren war. Aber einen wesentlichen Unterschied zum »Hamburger Kessel« gab es dann doch. Dieser Kessel hier ließ sich nicht vollständig schließen, denn an einer Seite stand immerhin die Berliner Mauer.

Eng gedrängt zogen sich die Besetzer auf den drei Meter breiten Streifen vor der Mauer zurück, der auch weiterhin »vorgelagertes Territorium« der DDR blieb. Vor den Augen der Polizeibeamten erklomm der erste Hüttenbewohner um 5.04 Uhr morgens die Mauer. In einem Zeitraum von nur sechzehn Minuten folgten 181 weitere Demonstranten seinem Beispiel und kletterten in den Ostteil der Stadt. Dass diese Massenflucht so schnell und glatt verlief, lag auch daran, dass die Besetzer des Lenné-Dreiecks in den vorangegangenen Tagen einige Elemente des Belagerungszauns entwendet hatten, die nun an die Mauer gelehnt als Leitern dienten. Noch wichtiger für den reibungslosen Ablauf der Aktion war allerdings die zweite Vorbereitungsmaßnahme: Die Besetzer des Dreiecks hatten im Vorfeld mit der Ost-Berliner Seite Kontakt aufgenommen, dort war man entsprechend vorbereitet. Im rechten Moment stand auf der anderen Seite der Mauer ein Lastwagen, auf den die Mauerspringer zügig und bequem »an der Hand eines Grenzpolizisten« heruntersteigen konnten. War die Pritsche voll, wurde eine Ladung West-Berliner Demonstranten abtransportiert, und sofort nahm der nächste Lastwagen die Stelle des vorigen ein.

Gerade noch hatten sie der geballten West-Berliner Polizeimacht gegenübergestanden, da saßen die ehemaligen Besetzer des Lenné-Dreiecks schon beim gemeinsamen Frühstück in einer ostdeutschen Betriebskantine. Nachdem sie sich mit Schrippen, Wurst und Käse gestärkt hatten (leider viel zu wenig Käse, wie ein Vegetarier unter den Mauerspringern sich später beschweren sollte), wurden die Mauerflüchtlinge dann in Zweierkabinen kurz verhört und ihre Personalien aufgenommen. In kleineren Gruppen brachte man sie noch im Lauf desselben Tages wieder nach West-Berlin zurück, mit dem freundlichen Hinweis, bei der nächsten Einreise in die Hauptstadt der DDR doch bitte einen Grenzübergang zu nutzen.

Im Gestus der Empörung berichtete die West-Berliner *B.Z.* am nächsten Morgen über den Vorfall. Unter der Überschrift »182 Chaoten sprangen über die Mauer!« wurden führende Politiker der Berliner CDU zitiert.[5] Das Verhalten der Ost-Berliner Behörden sei eine »Politposse«, meinte der CDU-Fraktionsvorsitzende Dankward Buwitt. Der Bundestagsabgeordnete und ehemalige Innensenator Heinrich Lummer schimpfte, die »Absetzaktion der Besetzer [habe] deutlich gemacht, wo diese Leute wirklich hingehören«. Doch die markigen Sprüche konnten über eines nicht hinwegtäuschen. Der West-Berliner Senat war »vorgeführt« worden, wie das Nachrichtenmagazin *Der Spiegel* zu Recht bemerkte – umso mehr, als die ganze Sache durchaus absehbar gewesen war. Zwei Tage vor der Räumung hatten die Besetzer des Lenné-Dreiecks bereits öffentlich angekündigt, im Falle einer gewaltsamen Räumung über die Mauer zu klettern und »Asyl in der DDR« zu suchen.[6]

So unterschiedlich die Berichterstattung im *Spiegel*, der *B.Z.* und in vielen anderen Zeitungen auch ausfiel, in zwei wesentlichen Punkten war man sich einig: erstens, dass die Massenflucht von den Besetzern mit den DDR-Behörden vereinbart worden war, und zweitens, dass die Ost-Berliner Machthaber dem Anliegen der Mauerspringer positiv gegenüber eingestellt waren. »Offenbar war alles vorher abgesprochen«, argwöhnte die *Berliner Morgenpost* am Tag nach dem Mauersprung,[7] während der Kolumnist der *B.Z.* das Außerordentliche an der Reaktion der DDR-Behörden hervorhob:

> *»Die merkwürdigste Rolle spielte das SED-Regime: Obwohl es doch beim Gebietsaustausch Vertragspartner des Senats war, sympathisierte es ungeniert mit den Störenfrieden. Schließlich gestattete es auch die Komödie mit dem Überklettern der Mauer durch ganze Scharen der Hüttenbauer. Und das, obwohl es doch sonst jeden schiefen Blick auf die Mauer schon als ›imperialistische Hetze‹ beklagt.«*[8]

Der Spiegel fand dagegen die DDR-Reaktion ganz und gar nicht merkwürdig, denn die Erklärung schien auf der Hand zu liegen: »Ost-Berlins Streicheleinheiten für die Protestler kamen nicht von ungefähr. Verlockend erschien den Ost-Regierenden die Gelegenheit zur Revanche für die ständige westliche Kritik an den Knüppeleien der Volkspolizisten und der Staatssicherheit.«[9] Gemeint war damit die brutale Repression der DDR-Jugend, die das Nachrichtenmagazin als »Jagdszenen in Ost-Berlin« angeprangert hatte.[10] Die Staatssicherheit war nämlich am 16. und am 19. Juni 1988 gewaltsam gegen die ostdeutschen Fans der Musik von Pink Floyd und Michael Jackson vorgegangen. An diesen beiden Abenden hatten sich jeweils rund 5000 Jugendliche auf der Ostseite der Mauer versammelt, um die in West-Berlin auf dem Gelände vor dem Reichstag stattfindenden Konzerte als Zaungäste mitzuerleben. Die Symmetrie der Ereignisse war vor allem beim Michael-Jackson-Konzert frappierend. Am gleichen Abend, an dem die West-Berliner Polizei das Lenné-Dreieck unter Tränengasbeschuss nahm, war nur wenige Meter entfernt die Staatssicherheit »verstärkt durch Betriebskampfgruppen der SED« mit ganz ähnlichen Dingen beschäftigt. »Honeckers Würstchen«, hieß es in der Tageszeitung *Die Welt*, waren also der Dank dafür, »daß die Besetzer in den ›DDR‹-Medien wochenlang zum Opfer ›unmenschlichen Polizeiterrors‹ erklärt worden waren und eine willkommene Abwechslung von den Vorfällen am Brandenburger Tor boten«.[11] Der Einsatz der Lastwagen, das Frühstück und die freundliche Rückführung, für all dies gab es nun also eine einfache Erklärung: Der Mauersprung war augenscheinlich eine gemeinsame Propagandaaktion der Besetzer und der Staatssicherheit, mit der sie den West-Berliner Senat und die Polizei bloßstellen wollten. Von einer »grotesken Koalition« war die Rede.

Mehr als ein Dutzend Aktenordner hat das Ministerium für Staatssicherheit über die Besetzung und spätere Räumung des Lenné-Dreiecks angelegt. Die darin archivierten Papiere lassen einige Zweifel an dieser bis heute gängigen Lesart der Geschichte aufkommen. Durch die Arbeit der Inoffiziellen Mitarbeiter der Hauptabteilung XXII (Terrorabwehr) und durch die

Funkaufklärung war das Ministerium über die Lage im und um das Hüttendorf bestens informiert. Man kannte zu jedem Zeitpunkt die Absichten der Besetzer und war ebenso genau über die Pläne der West-Berliner Polizei im Bilde. Selbst der Inhalt der Gespräche, die die Senatsvertreter im Bonner Bundeskanzleramt führten, blieb Mielkes Mitarbeitern nicht verborgen. Es war also nicht überraschend, dass das Frühstück am Morgen des 1. Juli 1988 bereitet war – den entsprechenden »Maßnahmeplan« hatte die Staatssicherheit zwei Tage vor der Räumung dem Kommando der Grenztruppen übermittelt:[12]

»29. Juni 1988
Vorgesehener Handlungsablauf der eigenen Kräfte im Falle des Versuchs bzw. des Eindringens von Personen aus Richtung Berlin (West) in den Handlungsraum der GT [Grenztruppen] der DDR.

Bei Übersteigsversuchen erfolgt eine Aufforderung durch die GT mittels Megaphon, von einem Übersteigen Abstand zu nehmen. Bei Nichtbefolgen werden die Personen durch die GT in Gewahrsam genommen. Zur Vermeidung von Personenschäden, insbesondere in Notfällen, kommen 3 abgespriegelte LKW (an der freundwärtigen Seite des vorderen Sperrelements wird 1 LKW ab 30.6.1988, 22.00 Uhr stationiert; die 2 weiteren LKW werden gedeckt so untergebracht, dass sie in X+3 Minuten am Ereignisort eintreffen können) zum Einsatz (je LKW mit 4 Angehörigen der GT besetzt und mit Decken und Tragen ausgestattet). Leitern werden für Notfälle bereitgehalten.

Die in Gewahrsam genommenen Personen werden unverzüglich mit LKW zum Gassentor Voßstraße transportiert und von dort mittels [LKW] zum VdK [Verband der Konsumgenossenschaften der DDR] gebracht. Im VdK erfolgt die Unterbringung im Speiseraum unter Sicherung von 5 Angehörigen der HA I/WSE [Wachsicherungseinheit], die Ver-

sorgung mit Getränken (Tee, Kaffee) und bei Notwendigkeit Speisen durch eine Versorgungsgruppe des GKM [Grenzkommando Mitte] in Stärke von 1/4.

Zur evtl. notwendigen medizinischen Erstversorgung werden in unmittelbarer Nähe des Ereignisortes 1 Arzt, 2 Sanitäter mit Sankra sowie im VdK 1 Arzt und 2 Sanitäter aus dem Bestand des GKM zum Einsatz gebracht.«

Man war also auf die Besucher bestens vorbereitet. Der Maßnahmeplan macht aber auch deutlich, dass die Staatssicherheit gar nicht genau wusste, mit wie vielen Mauerspringern sie zu rechnen hatte. Drei »Handlungsvarianten« waren im Hüttendorf für den Fall eines massiven Räumungseinsatzes der West-Berliner Polizei in Planung. Einige der Besetzer würden wahrscheinlich versuchen, sich unerkannt von dem Gelände »ins Westberliner Hinterland abzusetzen«, von anderen könne man »harten Widerstand gegen den Polizeieinsatz« erwarten und eine »nicht eindeutig bestimmbare Anzahl« verfolge das Ziel, »sich den Maßnahmen der Westberliner Polizei durch Übersteigen der Grenzmauer 75 und Eindringen in den Handlungsraum der GT der DDR zu entziehen und dadurch demonstrative Wirkungen zu erzielen«.

Wenn die sonst so gut informierten Mitarbeiter der Staatssicherheit sich hier nicht festlegen wollten, dann lag das ganz einfach daran, dass die Besetzer selbst unsicher waren, ob sie überhaupt in die DDR flüchten sollten. Nur wenige Stunden vor der Räumung wurde auf einer Vollversammlung darüber noch immer heftig gestritten. Da die Diskussion direkt an der Mauer stattfand, konnte ein MfS-Posten auf der anderen Seite ohne Schwierigkeiten mithören.[13] Er berichtete, dass die Vollversammlung beendet wurde, »ohne eine konkrete Einigung zu erreichen«, dass aber die militante, verteidigungsbereite Fraktion zumindest ein Zugeständnis gemacht habe: »[...] wer will, kann über die Mauer springen, sie werden keinen zurückhalten«. Die Befürworter der Flucht in die DDR hatten sich also nicht durchsetzen können. Sie hatten auch keine besonders guten Argumente, denn noch am Vorabend der Räumung waren sie selbst im Zweifel, ob die Mauer tatsächlich eine realistische Fluchtgelegenheit biete oder ob man damit auf Umwegen nicht doch der West-Berliner Polizei in die Arme springe.

> *»20.45*
> *auf Vollversammlung wurde diskutiert, was passiert, wenn wir (die Besetzer) über die Mauer auf DDR-Territorium springen, sie gehen davon aus, daß durch die GT und Organe der DDR bei Unfällen eine humanitäre Versorgung erfolgt. Zur Frage, was passiert danach gehen sie davon aus, daß nach der Festnahme durch die GT eine sofortige Übergabe über GÜST [Grenzübergangsstelle] an die WB Polizei erfolgt, haben dann nichts erreicht. Besetzer hoffen, dass sie ein paar Tage in der DDR bleiben und dann über eine GÜST ihrer Wahl ausreisen können, um nicht mit der WB Polizei in Konflikt zu kommen.«*

Angekündigt war die Massenflucht sicherlich, doch abgesprochen war sie keineswegs. Die DDR-Behörden hatten die Besetzer des Dreiecks völlig im Unklaren gelassen, was sie im Osten erwarten würde. Nur dass sie mit einer vorläufigen Festnahme rechnen sollten, das hatte ein Major der Grenztruppen den Hüttenbewohnern auf Nachfrage gesagt. Natürlich hatten die Besetzer in den Tagen und Wochen vor der Räumung nichts unversucht gelassen, Näheres in Erfahrung zu bringen. Mehrfach hatten sie die Grenzsoldaten angesprochen, die allerdings keine weiteren Auskünfte geben wollten. Über die Alternative Liste (AL) und die Sozialistische Einheitspartei Westberlins (SEW) sollte Kontakt mit Ost-Berlin aufgenommen werden, doch auch auf diesem Weg war nichts Genaues zu erfahren. Ein junger Hüttenbewohner hatte schließlich sogar direkt beim Ministerium für Staatssicherheit angerufen und gefragt, was man mit ihnen vorhabe. Ob man sie nicht vielleicht als »politisch Verfolgte« behandeln und ihnen etwas länger Asyl gewähren könne, um mit einer späteren Ausreise der West-Berliner Polizei zu entgehen.[14] Keine Antwort. Verwirrend war die in Ost-Berlin herrschende Funkstille schon. Warum blieb die Hilfe nun aus, nachdem die Grenzsoldaten in den Krawallnächten so offenkundig für die Demonstranten Partei ergriffen hatten? Oder hatten sie das etwa doch nicht getan?

Als der Offizier der Grenztruppen in der Nacht zum 20. Juni per Megaphon gegen den Tränengaseinsatz protestierte, wurde dies westlich der Mauer völlig missverstanden. Hier irrten nicht nur die Journalisten, die diese Intervention weithin publik machten, sondern auch die direkt anwesenden Besetzer, die mit Jubel auf die Durchsage reagierten. Wogegen der Offizier tatsächlich Einspruch erhob, kann man noch heute unter dem Stichwort »Kubatstan« bei YouTube erfahren,[15] man muss nur genau zuhören: »Wir fordern die Westberliner Polizei auf, energische Maßnahmen zu ergreifen zur sofortigen Einstellung des Beschießens des Hoheitsgebietes über die Grenzsicherungsanlagen.« Nicht die Beendigung des Beschusses des Lenné-Dreiecks wurde hier gefordert, man verlangte lediglich, dass nicht mehr über die Mauer gefeuert werde. In der ersten Krawallnacht trafen »52 Tränengaswurfkörper [...] infolge direkten Beschusses durch Einsatzkräfte der Westberliner Polizei bzw. durch Überwurf der Besetzer als Schutzreaktion zur Verhinderung der Folgen des Reizgases im Handlungsraum der Grenztruppen auf«. In der nächsten Nacht gingen dort 188 Reizgaskartuschen nieder, einige Tage später noch einmal über 100 Geschosse, von denen 20 als »Direktbeschuss« gewertet wurden. Die Forderung des Offiziers war also weder unbegründet, noch handelte es sich bei der Wortwahl um einen zufälligen Versprecher. Die Akten der Staatssicherheit belegen, dass am Checkpoint Charlie mehrfach ein wortgleicher Protest an die Gegenseite übergeben wurde. Der West-Berliner Polizist, der diesen entgegennahm, war vermutlich der Einzige, der die »Unterstützung« der Besetzer durch die Grenztruppen richtig einzuordnen wusste. Seine Antwort lautete: »Ich habe Sie verstanden. Ich betrachte diese Information als rein technische Angelegenheit.«[16] Von nun an wollten die Westpolizisten besser zielen.

Zweifellos belegen die Berichte der Ost-Berliner Zeitungen, dass die DDR die gewaltsamen Auseinandersetzungen am Lenné-Dreieck propagandistisch ausschlachten wollte. Das war kaum überraschend, sowohl der Senat als auch die Polizei West-Berlins waren schließlich »feindliche Kräfte«. Auch der Zeitpunkt kam sehr gelegen. Die Akten der Staatssicherheit enthalten zumindest einen indirekten Hinweis darauf, dass die Verbindung zum eigenen Vorgehen gegen die Konzertzuhörer auch hier gesehen wurde.[17] Die Eskalation war also durchaus im Interesse Ost-Berlins. Dass aber die DDR deshalb dem Hüttendorf und seinen Bewohnern direkte Unterstützung gewährt habe, war und bleibt ein Mythos. Gelegenheiten, bei denen die Staatssicherheit den Autonomen hätte helfen können, wurden nicht genutzt. So rief zum Beispiel am 23. Juni 1988 einer der Besetzer im Ministerium an und bat um Kopien der Videoaufnahmen von den Krawallen. Er habe Anzeige gegen jene West-Berliner Polizisten erstattet, die ihre Tränengaskartuschen gezielt und zudem in Kopfhöhe auf Demonstranten abgeschossen hätten. Von ihrem erhöhten Standpunkt auf der Mauerkrone aus hätten die Grenztruppen doch einen guten Überblick gehabt, und ihr Filmmaterial sei daher sicher geeignet, die Anschuldigungen zu untermauern. Auch auf diese Bitte reagierte die Staatssicherheit nicht. Die Mitarbeiter des Ministeriums überprüften nach dem Telefonat ihre Kartei auf den Anrufer hin und instruierten die IMs im Hüttendorf, Näheres über ihn herauszubekommen. Die daraufhin angefertigte »vorläufige Einschätzung« des Besetzers macht die sorgenvolle Haltung der Staatssicherheit deutlich:

»Zunächst kann man davon ausgehen, daß es sich bei dem [Besetzer] um einen Provokateur handeln könnte, der im Auftrag oder aus eigener Initiative durch erwartbares Reagieren des MfS die Schuld für die Vorkommnisse im Lenné-Dreieck der DDR zuschieben wollte. Das wäre auf der Linie der Medien u. a. in Westberlin gewesen.

Wäre er ernsthaft/ehrlich um einen Kontakt interessiert gewesen, hätte er zu jeder Zeit einreisen können. Die Formalitäten kennt er doch. Vielmehr kann unterstellt werden, daß eine Kontaktaufnahme durch das MfS in Westberlin erwartet wurde, wie anders hätte dann die gewünschte Übergabe von Filmaufnahmen, die von unseren Grenztruppen und Fernsehteams gemacht wurden, übergeben werden sollen.

[...]

Andererseits ist auch nicht ausgeschlossen, daß es sich um einen defekten und naiven Menschen handelt, der auch von bestimmten Besetzern des Lenné-Dreiecks benutzt worden ist, um sowohl Strafanzeige gegen die Polizei zu erstatten als auch durch Verbindung zur DDR unsere Haltung/Vorhaben zu erkunden.«[18]

Die Staatssicherheit fürchtete also, die eine oder andere Seite in dem West-Berliner Konflikt würde versuchen, die DDR zu instrumentalisieren. Man wollte der feindlichen Presse auf keinen Fall die Gelegenheit bieten, Ost-Berlin für die Krawalle verantwortlich zu machen. Aber genauso wenig wollte man die Besetzer in ihrem Fluchtvorhaben bestärken. Das Gegenteil war der Fall. Der in West-Berlin operierende IM »Taler« wurde beauftragt, »Einfluß auf [ein] Mitglied des ›Besetzerrates‹ zu nehmen, um evtl. Grenzübertritte in die DDR im Falle einer gewaltsamen Räumung zu verhindern«.[19] Wenn irgendjemand die Besetzer des Lenné-Dreiecks von ihrem Plan abbringen konnte, dann war das IM »Taler«. Denn als ehemaliger RAF-Anwalt, der selbst zwei Jahre wegen »Unterstützung einer terroristischen Vereinigung« im Gefängnis gesessen hatte, genoss Klaus Croissant – und niemand anderes war IM »Taler« – ein hohes Ansehen in der linksautonomen Szene. Aber auch er musste schließlich einräumen, dass trotz seiner Bemühungen »mit einzelnen Übertritten« gerechnet werden müsse.

Wenn die Staatssicherheit die Besetzer davon abbringen wollte, die Flucht über die Mauer zu wagen, warum wurden die Grenztruppen später angewiesen, ihnen zu helfen? War dies, wie vom *Spiegel* vermutet, die »kalte Rache« für die Kritik an dem harten Vorgehen gegen die Zaungäste der Konzerte? Natürlich spiegelte sich in der freundlichen Aufnahme der Mauerspringer auch die allgemeine politische Weltlage. Michael Gorbatschows Reformanstrengungen ließen das DDR-Regime immer repressiver erscheinen, etwa mit der Zerschlagung der Proteste am Rande der offiziellen Rosa-Luxemburg-/Karl-Liebknecht-Demonstration im Januar 1988. Doch mit dem jüngsten Knüppeleinsatz gegen die Fans von Pink Floyd und Michael Jackson hatte der Frühstücksempfang für die Mauerspringer wenig zu tun. Die entsprechenden Entscheidungen waren nämlich bereits zwei Wochen vor den Konzerten und Krawallen gefallen. Schon als die Staatssicherheit am 2. Juni 1988 den ersten Hinweis auf eine mögliche Flucht über die Mauer erhielt, hatte Generaloberst Rudi Mittig, dienstältester Stellvertreter des Ministers, die Linie vorgegeben:

»Zentrale Entscheidung
– keine Gewaltanwendung
– Aufforderung zum Verlassen
– Protest«[20]

Schon diese wenigen Stichworte machen deutlich, dass die Ost-Berliner Haltung zu der Massenflucht in erster Linie negativ formuliert war, dass also Klarheit darüber herrschte, was man *nicht* tun wollte. In der Ablehnung der Gewaltanwendung findet sich auch der Schlüssel zum Verständnis der Geschichte, denn die Frage, was die Grenzsoldaten eigentlich anderes hätten tun können, als den Mauersprung zuzulassen, wurde in keinem der West-Berliner Kommentare diskutiert. Wenn man bedenkt, was es bedeutet hätte, die Massenflucht am Lenné-Dreieck gewaltsam zu verhindern, dann ist es nur ein scheinbarer Widerspruch, die Besetzer zunächst von ihrem Vorhaben abbringen zu wollen, nur um später den Sprung doch zuzulassen. Die Berliner Mauer war nämlich entgegen der offiziellen DDR-Propaganda als »Schutzwall« gegen Eindringlinge gänzlich ungeeignet. Das Bauwerk an sich konnte weder Faschisten, noch – wie in diesem Fall – Antifaschisten wirksam daran hindern, auf das Gebiet der DDR zu gelangen. Es ist gleichwohl nicht gänzlich undenkbar, dass das Kommando der Grenztruppen einige Hundertschaften hätte einsetzen können, um die Eindringlinge von der Mauer zu stoßen. Aber wie wäre eine solche Aktion ausgegangen? Zwar hätte man so die Unverletzlichkeit der Staatsgrenze demonstriert, doch damit auch ebenso unvermeidlich wie tatkräftig die Arbeit der West-Berliner Polizei unterstützt, gemeinsam mit ihr den Kessel geschlossen und die Festnahme der Besetzer ermöglicht. Eine solche Koalition wäre in der Tat »grotesk« gewesen.

Gewiss war die freundliche Behandlung der Mauerspringer zum Teil darauf zurückzuführen, dass auch die Staatssicherheit dazu geneigt war, in den Feinden des Feindes die eigenen Freunde zu sehen. Das mag das Frühstücksbüfett erklären. Aber der wirklich entscheidende Beistand, den die Staatssicherheit den Mauerspringern gewährte, war die Organisation ihrer späteren Ausreise über den Bahnhof Friedrichstraße. Dieser Weg wurde aus demselben Grund gewählt, aus dem man im Vorfeld die Gewaltanwendung abgelehnt hatte. Die Staatssicherheit wollte der West-Berliner Polizei einfach nicht zuarbeiten, indem sie die Mauerspringer auslieferte. Die »Grenzübergangsstelle« Bahnhof Friedrichstraße war bestens geeignet, dies zu vermeiden, denn sie lag nicht an der Grenze, sondern gänzlich auf dem Territorium Ost-Berlins und konnte deshalb auch nicht von West-Polizisten kontrolliert werden. Hier durften sich die ehemaligen Besetzer des Lenné-Dreiecks unter andere Reisende mischen und mit der S-Bahn oder der U-Bahn-Linie C (die heutige U6) die DDR fast unbemerkt verlassen. Fast unbemerkt – denn nachdem man im Westen von der laufenden Rückführungsaktion Wind bekommen hatte, durchsuchten Polizisten gemeinsam mit den Kontrolleuren der Verkehrsbetriebe die Züge nach Passagieren, die entweder gar keinen oder einen im Osten gekauften Fahrschein dabeihatten. Dank der Funkaufklärung erfuhr man allerdings auch am Bahnhof Friedrichstraße schnell von den Kontrollen, und so schickten die Mitarbeiter der Staatssicherheit einen der Mauerspringer in den Westen, um von dort einen Schwung Fahrscheine mitzubringen. Die ehemaligen Besetzer konnten nun »mit Fahrkarten ausgerüstet [werden], die auf anderen Bahnhöfen in Westberlin ausgestellt waren«. Am Ende hatte die West-Berliner Polizei nur dreizehn Mauerspringer festnehmen können.[21]

So endete die Geschichte der »ersten Massenflucht« nach Ost-Berlin. Nicht wenige West-Berliner glaubten an die »groteske Koalition« von Linksautonomen und Staatssicherheit, doch die hatte es nie gegeben. Die West-Berliner Polizei war allenfalls ein gemeinsamer Feind, aber zu keinem Zeitpunkt hegte man im Ministerium für Staatssicherheit irgendwelche Sympathien für die Besetzer des Dreiecks. Das wäre geradezu widersinnig gewesen, denn gegen Ende der achtziger Jahre fürchtete die DDR regimekritische Proteste auch auf den eigenen Straßen, und dabei ging es nicht nur um Rockkonzerte. Drei Stunden vor der Massenflucht der Besetzer meldete die Volkspolizei eine Ansammlung von achtzehn »Personen mit dekadentem Äußeren (Bürger der DDR […] Alter 17–19 Jahre, verschmutzte Bekleidung, durch ›Irokesenhaarschnitt‹ als Punker erkennbar)«. Die Gruppe hatte sich von Ost-Berliner Seite auf der Höhe des

Lenné-Dreiecks der Mauer genähert. »Motiv für ihre Bewegung in Richtung grenznahen Raum, war die Absicht, sich mit den ›Besetzern‹ des Lenné-Dreiecks solidarisch zu erklären.«[22] Eine weitere Koalition, die es von Seiten der Staatssicherheit unbedingt zu verhindern galt.

John Runnings, Potsdamer Platz, Tiergarten/Mitte, 1986

Aggression

Von allen »Grenzverletzern WB–DDR« war John Runnings zweifellos derjenige, der die größte öffentliche Aufmerksamkeit erregt hat. Eine Woche vor dem 25. Jahrestag des Mauerbaus ging das Bild des 68-jährigen Rentners um die Welt, wie er am Potsdamer Platz, rittlings auf der Mauer sitzend, mit einem fünf Kilo schweren Vorschlaghammer auf die Betonrolle einschlug.[1] Und als ehemaliger Zimmermann wusste Runnings einen Hammer zu schwingen. Bevor er das Werkzeug dann auf der Ostseite herunterfallen ließ und sich nach einem kurzen Spaziergang auf der Mauer den DDR-Grenzern stellte, war es ihm doch tatsächlich gelungen, ein Betonteil aus der Mauerkrone zu schlagen. Noch heute ist dieses Bruchstück im Mauermuseum am Checkpoint Charlie zu sehen.

Zum Zeitpunkt seiner spektakulären Tat konnte der in Kanada geborene US-Bürger bereits auf eine lange und beachtliche Karriere als politischer Aktivist zurückblicken. Gemeinsam mit seiner Frau hatte der Quäker und Veteran des Zweiten Weltkriegs schon früh gegen den Vietnamkrieg demonstriert. Später dann wurde er im Zusammenhang mit Protesten gegen die atomare Aufrüstung festgenommen. Der Grund: Er war in das Sperrgebiet der U-Boot-Basis Bangor eingedrungen, die in der Nähe seines Wohnortes Seattle lag. Das Überklettern des Sicherheitszauns brachte ihm sechs Wochen Haft ein, führte aber auch dazu, dass sich seine politische Haltung radikalisierte. Von nun an sah er sich auch in kritischer Distanz zur Friedensbewegung. Die »Peaceniks« wollten einfach nicht einsehen, dass es mit Abrüstung durch zwischenstaatliche Verhandlungen nicht getan war. Für John Runnings bedeutete ein solcher Frieden nur die Abwesenheit kriegerischer Handlungen, aber immer noch die fortdauernde Androhung derselben. Er hingegen war der Überzeugung, dass wirklicher Friede erst dann herrschen könne, wenn die Grenzen zwischen den Staaten gefallen waren und eine Weltregierung die Bürgerrechte garantiere.

Da sein erster – durchaus moderater – Vorschlag einer Föderation der USA mit der UdSSR wenig Gehör fand, hielt er es bald für nötig, »militärisch aufgezwungene Grenzen« direkt zu attackieren. Hierfür entwickelte er Mahatma Gandhis *Satyagraha* – das Konzept der »militanten Gewaltlosigkeit« – zu einer politischen Strategie weiter, die er als »vulnerable aggression« bezeichnete: »Der Sinn der verletzlichen Aggression ist, ein unerwünschtes Verhältnis gerade dadurch zu verändern, dass man das erwünschte Verhältnis einfach herstellt und lebt.«[2] Übersetzt in politische Aktion hieß das für Runnings, die Existenz der Staatsgrenzen dadurch zu negieren, dass er sie demonstrativ und vor allem illegal überwinden wollte. »Verletzlich« sollte die Aggression in dem Sinne sein, dass er bereit war, die strafrechtlichen Konsequenzen der Handlungen auf sich zu nehmen. Mehr noch: Eine öffentlichkeitswirksame Festnahme und eine mögliche Inhaftierung waren integrale Bestandteile der Strategie. Damit war die »verletzliche Aggression« gewissermaßen eine Überblendung von *Satyagraha* mit der Taktik japanischer Kampfkunst: »politisches Aikido, mit dem du das Gewicht deines Gegners ausnutzt, um ihn lächerlich zu machen.«[3]

Bei der Realisierung der »verletzlichen Aggression« gab es jedoch ein vertracktes Problem, und zwar eines, das sich direkt aus John Runnings' Prinzipien ergab. Mit seinem Selbstverständnis als »Weltbürger« und nicht etwa »Bürger eines Staates« war es nämlich unvereinbar, einen Reisepass zu beantragen. Schon der Besitz eines solchen Dokuments wäre eine Form der Anerkennung der Existenz von Staatsgrenzen. Andererseits benötigte er aber einen Pass, um zunächst mit dem Flugzeug aus den Vereinigten Staaten ausreisen, um dann andernorts eine Grenzverletzung begehen zu können. Eine klassische Zwickmühle zwischen Prinzipientreue und Praxis.

Aber auch hierfür wusste der findige Aktivist eine Lösung: den Seeweg. Also kaufte er sich 1981 mit finanzieller Unterstützung eines Geschäftspartners ein altes Schiff. Der Plan sah vor, das Wasserfahrzeug in Eigenarbeit zu restaurieren und damit dann den Atlantik zu überqueren, das Mittelmeer zu durchfahren, in das Schwarze Meer einzubiegen, um schließlich bei Odessa illegal in die Sowjetunion einzudringen. Runnings nannte dies eine »politische Invasion« – im Gegensatz zu einer militärischen. Leider wurde aus der »Odyssee nach Odessa« nichts, auch wenn das Schiff bereits hoffnungsvoll auf den Namen des homerischen Helden getauft worden war. Kurz nachdem der handwerklich geschickte Zimmermann die Arbeiten abschließen konnte, hatte der »Geschäftspartner« sich das schön restaurierte Schiff einfach angeeignet und sich geweigert loszufahren. Der Geldgeber hatte den Idealisten übers Ohr gehauen.[4]

Ein Rückschlag? Sicher. Aber für John Runnings noch lange kein Grund, die Idee einer »verletzlichen Aggression« aufzugeben. Ein Jahr später plante der unermüdliche Kämpfer für den Weltfrieden seine nächste Aktion. In Flugblättern kündigte er nun einen »gandhischen Angriff« auf die Berliner Mauer an: »A Gandhian Assault on the Berlin Wall«.[5] Am 9. Mai 1982 wollte er ohne Reisepapiere, aber mit gültigem Ticket von Boston über Frankfurt nach Berlin fliegen. Alle, die sich an der Aktion beteiligen wollten, seien herzlich willkommen, solange sie keinen Pass mitbrächten. Gemeinsam sollte die Gruppe in Berlin dann »einen Stein aus der Mauer brechen«.

Ein tollkühner Plan, aber nach dem Scheitern der »Odyssee nach Odessa« war Runnings auch etwas realistischer geworden. Es sei gar nicht wesentlich, ob es tatsächlich gelänge, einen

Stein zu entfernen, oder auch nur, ohne Papiere auszureisen. Wichtig sei allein das Medieninteresse, das die Gruppe mit ihrer provokatorischen Absicht hervorrufen würde. Man dürfe sich also ruhig an der Passkontrolle zurückweisen lassen. Etwas später könne man dann mit einer Gruppe von Sympathisanten wiederkommen, eine freundlich-fröhliche Invasion des Flughafens durchführen und mit einem bunten Rahmenprogramm den Flugbetrieb lahmlegen. Man sollte John Runnings' neuen Realismus aber nicht mit einer neuen Bescheidenheit der Ziele verwechseln. In dieser Hinsicht war das Flugblatt unmissverständlich. Das mit der Aktion geweckte Medieninteresse solle einer Spendeninitiative zugute kommen. Man würde 100 000 Dollar sammeln, um damit dann endlich eine »politische Invasion der Sowjetunion« zu finanzieren, die ohne Reisepässe durchführbar wäre. Interessierte Ballonfahrer und Schiffseigner sollten sich bitte bei ihm melden.

Von dem bevorstehenden »gandhischen Angriff« erfuhr das Ministerium für Staatssicherheit der DDR durch einen Hinweis seiner Moskauer Geheimdienstkollegen, die John Runnings seit der Geschichte der Odessa-Odyssee unter Beobachtung hielten. Wie ernst die Staatssicherheit den Hinweis nahm, lässt sich an den darauf vermerkten handschriftlichen Anweisungen des Ministers ablesen. Erich Mielke setzte seine beiden wichtigsten Stellvertreter auf den Fall an: den Leiter der Hauptverwaltung Aufklärung »Genosse [Markus] Wolf zur Erarbeitung weiterer Erkenntnisse« und den Chef der Terrorabwehr »Genosse [Gerhard] Neiber zur Erstellung eines Maßnahmeplans«.[6]

Die Gefahreneinschätzung bereitete einige Schwierigkeiten.[7] Innerhalb der Staatssicherheit wurde zunächst gemutmaßt, Runnings sei einfach nur ein Betrüger, der sich an Spenden bereichern wolle und daher die Reise selbst gar nicht erst starten würde. Angesichts der Odessa-Vorgeschichte ging man sicherheitshalber aber doch davon aus, dass der amerikanische Rentner zwar ein »politisch verworrener Spinner« sei, aber einer, der seine Pläne durchaus ernsthaft verfolge. Fraglich blieb natürlich, ob ihm die Ausreise aus den USA ohne Papiere gelingen würde. Man wusste also nicht, ob der Angriff überhaupt stattfinden würde, wollte aber auf jeden Fall vorbereitet sein. Und hätte John Runnings all die Maßnahmen gekannt, die man nun bei der Staatssicherheit in Betracht zog, er hätte sich bestätigt gefühlt. In der Tat provozierte die paradoxe Strategie der »verletzlichen Aggression« eine ebenso paradoxe Abwehrhaltung.

Wie in kaum einem anderen Fall erfüllte das Vorhaben von John Runnings die Kriterien der Dienstanweisung über die »Bekämpfung von Angriffen gegen die Staatsgrenze der DDR«. Auch mit dem qualifizierenden Zusatz »gandhisch« war der geplante Angriff nichts als eine organisierte, demonstrative Missachtung der Souveränität der DDR, und einer solchen musste entschieden entgegengetreten werden. Die Kommandeure der Grenzregimenter um West-Berlin wurden also aufgefordert, gefährdete Mauerabschnitte zu identifizieren, dort die Truppen zu verstärken und ihre Leute anzuweisen:

- *»ununterbrochen Beobachtungen zur Kontrolle des Westberliner Vorfeldes zu führen,*
- *Personenbewegungen, -ansammlungen und Handlungen festzustellen,*
- *Provokationen zu erkennen, mit Signal- bzw. Pioniermitteln zu verhindern,*
- *bei Übersteigen des vorderen Sperrelementes Festnahmen durchzuführen,*
- *Provokationen und andere Störhandlungen mit Fototechnik zu dokumentieren.«*[8]

Informelle Mitarbeiter im Operationsgebiet West-Berlin sollten frühzeitig warnen, wo genau der Angriff stattfinden würde.[9] Gemeinsam mit der Volkspolizei wollte man dann die Sicherung des eigenen Hinterlandes verstärken, um ein Zusammenwirken mit »feindlichen negativen Elementen im Innern der DDR« zu verhindern. Sogar der Einsatz »ausgewählter Spezialkräfte für offensive Handlungen« war vorbereitet. Mit anderen Worten: Auch die Festnahme der Provokateure auf westlicher Seite der Mauer wurde in Erwägung gezogen. Einfach war das allerdings nicht, denn hierfür, so die Erkenntnis der Staatssicherheit, müssten »die handelnden Kräfte selbst erst mit Hilfsmitteln die Grenzsicherungsanlagen übersteigen«, und damit ginge der Überraschungseffekt womöglich verloren. Vielleicht war das alles aber auch gar nicht nötig, denn beruhigt wurde festgehalten, dass

> *»von der Art der Grenzsicherungsanlagen her (fugenlose Grenzmauer 75, aus Platten zusammengesetzte Grenzmauer, Streckmetallzaun) […] entweder nur symbolische oder Zerstörungshandlungen möglich [sind], nicht aber das Entwenden eines Ziegelsteins aus der ›Berliner Mauer‹«.*

Trotzdem sollte alles unternommen werden, um durch »offenkundige Präsenz der Grenztruppen die territoriale Integrität der DDR und die Unverletzlichkeit ihrer Staatsgrenze zu demonstrieren«. Doch die Sache hatte einen weiteren Haken:

> *»Die eigentliche Gefahr besteht in einer möglichen Verbreitung, Ausweitung der Ideen des Runnings in den USA mit Hilfe der Massenmedien. Das mögliche Übergreifen auf Westeuropa, ihre u. U. durch ›Springer‹ forcierte Propagierung in der BRD/WB. Schließlich davon beeinflusst, die Durchführung von ernstzunehmenden demonstrativ-provokatorischen Aktivitäten von Gruppen amerikanischer Touristen in engster Zusammenarbeit mit den Feindorganisationen in der BRD/WB, deren Aktivitäten schon immer gegen den antifaschistischen Schutzwall, die DDR, die UdSSR, den Sozialismus überhaupt gerichtet war.«*[10]

Das Schreckensszenario einer Koalition amerikanischer Touristen mit westdeutschen Antikommunisten ließ die notwendigen Abwehrvorbereitungen in einem anderen Licht erscheinen; langsam dämmerte es auch der Stasi, wie wirksam die »verletzliche Aggression« als »politisches Aikido« sein konnte. Natürlich konnte und wollte man mit der Abwehr, Festnahme und Inhaftierung von Grenzverletzern immer auch die Souveränität der DDR unter Beweis stellen. Aber wie hoch war der Preis in diesem speziellen Fall? Sollte man der staatlichen Selbstbehauptung wegen dem Provokateur die von ihm gesuchte Öffentlichkeit auf dem Tablett servieren? Ausgerechnet ihm, der es darauf abgesehen hatte, ebenjene staatliche Souveränität als unmenschliche Militärmacht bloßzustellen? Das würde doch nur der weiteren Verbreitung seiner Ideen dienen.

Nicht nur John Runnings, sondern auch die Staatssicherheit befand sich also in einer Zwickmühle. Im Sinne der einschlägigen Dienstanweisung wurden entschlossene Abwehrmaßnahmen vorbereitet, aber trotzdem hoffte man, dass diese nicht zum Einsatz kommen müssten. Statt den Angriff abzuwehren, wäre es viel besser, er fände erst gar nicht statt. Es wurde überlegt, ob man Runnings nicht vielleicht »unter Legende ›journalistischer Tätigkeit‹« in den USA besuchen sollte, um ihn zur Aufgabe seines Vorhabens zu überreden; ob man ihn unter einem Vorwand bei der Zwischenlandung in Frankfurt aus dem Flugzeug locken und am Weiterflug nach Berlin hindern könnte; oder ob man ihm gar Hilfe anbieten und dabei versuchen sollte, ihn für die Staatssicherheit anzuwerben.[11] All diese Möglichkeiten wurden geprüft, aber verworfen. Schließlich beschloss man, John Runnings ungehindert nach West-Berlin reisen zu lassen und erst dort zu versuchen, ihn von seinem »gandhischen Angriff« abzubringen. Die Staatssicherheit nahm nämlich an, dass er vor der Aktion – nicht zuletzt um die öffentliche Resonanz zu erhöhen – mit einer der einschlägigen Feindorganisationen Kontakt aufnehmen würde. In Frage kam hierfür insbesondere die Arbeitsgemeinschaft 13. August, jene antikommunistische Organisation, die unter der Leitung von Rainer Hildebrandt im Mauermuseum am Checkpoint Charlie die Geschichte von Flüchtlingen und Todesopfern dokumentierte.

Ausgerechnet in der bestgehassten Feindorganisation in West-Berlin wollte man also den amerikanischen Provokateur abfangen. Das war nicht etwa widersinnig, sondern ganz im Gegenteil die eleganteste Lösung. Diese Organisationen waren nur allzu leicht zu unterwandern, und wer dort gute Verbindungen unterhielt, der würde auf Runnings sicher weit weniger verdächtig wirken als irgendein Fremder, der in Frankfurt oder gar in Seattle versucht hätte, ihn von seinem Vorhaben abzubringen. Außerdem war der für die Abfangaktion eingesetzte Andreas Jost alias IM »Michael Heinrich« ein ausgesprochen erfahrener West-Spion, der in der Revanchistenszene gut eingeführt war. In den siebziger Jahren hatte der Journalist bereits die Gruppe um den Grenzsaboteur Michael Gartenschläger ausspioniert; bis zum Fall der Mauer sollte er später dann noch als *Bild*-Redakteur ausgezeichnete Informationen liefern.[12] Für seine Mission musste IM »Michael Heinrich« selbstredend zunächst wissen, wie die Zielperson eigentlich aussah, auf die er angesetzt war. Doch zu diesem Zeitpunkt hatte man bei der Staatssicherheit noch kein Foto des Amerikaners.

Am 10. Mai 1982 um 9.50 Uhr traten zwei unauffällige Herren an den Informationsschalter am Flughafen Tegel und baten darum, den aus Frankfurt ankommenden Passagier John Runnings auszurufen.[13] Nach der Lautsprecherdurchsage erschien jedoch niemand, den die IMs heimlich hätten fotografieren können. Runnings war bereits am Flughafen in Boston festgenommen worden – der »gandhische Angriff« blieb aus, vorerst.

Drei Jahre später sah der Friedensaktivist schließlich ein, dass er die »verletzliche Aggression« nur würde durchführen können, wenn er seine Prinzipien zumindest zeitweise zurückstellte. Er tat, was für ihn zuvor undenkbar gewesen war – er beantragte einen Pass. Die erste legale Reise des John Runnings führte nach Moskau, wo er seine Idee einer sowjetrussisch-amerikanischen Föderation voranbringen wollte. Auf dem Roten Platz verteilte er Flugblätter mit der Forderung, dass die Regierungen der USA und der Sowjetunion sich gegenseitig Sendezeit im Fernsehen einräumen sollten, sodass die Politiker direkt mit dem jeweils anderen Staatsvolk Kontakt aufnehmen könnten. In den Wochen, die er in Moskau verbrachte, wurde er fast täglich von der Polizei festgenommen, aber nach kurzen Verhören stets wieder freigelassen. Er blieb unbelehrbar, immer wieder tauchte er mit seinen Flugblättern am Roten Platz auf. Den Behörden wurde es schließlich zu bunt. Runnings wurde erneut festgenommen, aber statt ihn zu verhören, brachte man den Störenfried diesmal zum Flughafen und setzte ihn in die nächste Aeroflot-Maschine. John Runnings hatte keine Ahnung, wohin das Flugzeug ihn bringen würde. Er konnte auch keinen Mitreisenden fragen, denn er war der einzige Passagier. Beim Landeanflug sah er dann eine weite Tundralandschaft unter sich, und in diesem Moment war Runnings sich sicher: Den Rest seiner Tage würde er wohl in Sibirien verbringen. Zu seiner Erleichterung erfuhr er nach der Landung, dass man ihn nach Finnland gebracht hatte.[14]

Zurück in Seattle, plante der beharrliche Rentner alsbald seine nächste Reise. Unter der Überschrift »West Ost über die Mauer« kündigte er in Flugblättern erneut eine »verletzliche Aggression« in Berlin an. Den 25. Jahrestag des Mauerbaus wollte Runnings zum Anlass nehmen, um mit einer massenhaften Grenzverletzung dafür zu sorgen, dass zunächst West- und Ost-Berlin, dann West- und Ostdeutschland, dann West- und Osteuropa und schließlich die ganze Welt vereinigt würde. Seine genaue Ankunftszeit gab das Flugblatt auch noch bekannt: Flughafen Berlin-Tegel, 24. Mai 1986, 13.05 Uhr.

Die Mitarbeiter der Staatssicherheit wussten sicherlich ebenfalls von diesen Reiseplänen. Seit der Aufregung von 1982 hatte man Runnings' Aktivitäten genau verfolgt, und im Besitz des neuen Flugblattes war man auch. Wieder wurden die Kommandeure der Grenzregimenter angewiesen, die Truppenstärke zu erhöhen. Die anderen Abwehrmaßnahmen wollte man jedoch den neuen Anforderungen anpassen. In einem Punkt war die nun geplante Aktion weniger kompliziert als der einst angekündigte »gandhische Angriff«. Um der Provokateure habhaft zu werden, bedurfte es jetzt nicht mehr »ausgewählter Spezialkräfte für offensive Handlungen«, die auf der anderen Seite der Mauer eine Festnahme durchführen würden. Der oder die Grenzverletzer wollten ja selbst herüberklettern, und für den Fall wären auch reguläre Grenztruppen in der Lage, die Festnahme durchzuführen. In anderer Hinsicht war die Aktion »West Ost über die Mauer« jedoch bedrohlicher als der »gandhische Angriff«. Nach der Geschichte in Moskau galt es nun als wahrscheinlich, dass Runnings auch tatsächlich auftauchen würde. Über die nötigen Reisedokumente verfügte er ja jetzt. Und mit der Beharrlichkeit, die er auf dem Roten Platz gezeigt hatte, schwand bei der Staatssicherheit auch die Hoffnung, ihn von der Durchführung seines Planes abbringen zu können. Man entschied sich also dafür, den Provokateur durch mehrere IMs beobachten zu lassen, sonst aber vorerst abzuwarten.

Die neue Lageeinschätzung änderte allerdings nichts am grundsätzlichen Dilemma, vor das eine »verletzliche Aggression« die Staatssicherheit stellen sollte. Auch dieser provokatorischen Missachtung der Souveränität der DDR konnte man nicht einfach mit Entschlossenheit begegnen. Mit der in den Dienstanweisungen vorgesehenen Einleitung eines Ermittlungsverfahrens würde man dem Provokateur den einen Gefallen tun, auf den es ihm ankam: seine Inhaftierung. Also wurden die Grenztruppen angewiesen, Runnings nach West-Berlin zurückzudrängen, falls er versuchen sollte, an einer Grenzübergangsstelle in das Territorium der DDR einzudringen. Sollte er dagegen tatsächlich wie angekündigt über die Mauer klettern, wollte man zumindest einen Anschein von Souveränität wahren und ihn festnehmen. Danach sollte er aber schnellstmöglich und unter Protest der Botschaft der Vereinigten Staaten übergeben werden. Strafrechtlich wollte man die Grenzprovokation nicht weiter verfolgen.

In ihrer Vorbereitung auf den angekündigten Mauersprung hatte die Staatssicherheit allerdings die Hartnäckigkeit von John Runnings weit unterschätzt. Mit gehöriger Penetranz und großem Einfallsreichtum sollte der Amerikaner in den folgenden zehn Monaten mit seinen Aktionen die DDR-Behörden zermürben und sie schließlich dazu zwingen, ihm den Prozess zu machen. Anfänglich sah es gar nicht danach aus, denn es gelang ihm zunächst nicht, größere Aufmerksamkeit zu erregen. Kurz nach seiner Ankunft hatte er noch gehofft, möglichst viele West-Berliner für ein Happening gewinnen zu können, mit dem er die Mauer in ihren Grundfesten aufweichen und zum Einsturz bringen wollte. Mit einem Flugblatt lud er

> *»alle diejenigen, die die Mauer verabscheuen, zu einem internationalen Pinkeln (›pee in‹) nach Check Point Charley ein. Runnings erwartet, das andere Menschen ihre Abneigung gegen diese abscheuliche Institution registrieren wollen, indem sie am 31. Mai öffentlich an die Mauer pinkeln. In Flaschen abgefüllter Urin ist erlaubt für Frauen und mehr zurückhaltende Menschen sowie für diejenigen, die an Volumen glauben.«*[15]

Mit einiger Befriedigung konnten die Beobachter der Staatssicherheit nach der Aktion vermerken, dass es Runnings aufgrund des »obszönen Charakters der Provokation« nicht gelungen war, Mitstreiter zu finden:

> *»Nachdem er feststellen musste, daß sich keine weiteren Personen an seiner geplanten Aktion beteiligen wollen, entschloß er sich, sein ›internationales Pinkeln‹ solo zu absol-*

vieren. Er ›pinkelt‹ demonstrativ auf ein Blumenbeet der Grenzübergangsstelle. Runnings wird von Mitarbeitern der PKE [Paßkontrolleinheit] vom Bereich der GÜST nach Berlin (West) verwiesen.«[16]

Weit weniger zufriedenstellend war jedoch die Reaktion der US-Botschaft, als man sie aufforderte, etwas gegen den Grenzprovokateur zu unternehmen. Oskar Fischer, Minister für Auswärtige Angelegenheiten der DDR, musste seinem Kollegen Mielke berichten, dass die Amerikaner sich verweigert hatten, weil es sich aus ihrer Sicht »bei der Grenze zwischen Berlin, Hauptstadt der DDR, und Berlin (West) nicht um eine Staatsgrenze handele und daher auf Westberliner Seite keine Kontrollen durchgeführt würden«.[17]

Fünf Wochen nach dem gescheiterten »pee-in« kletterte John Runnings am 9. Juli 1986 gegen Mittag mit Hilfe einer Metallleiter über die Mauer in den Osten. Widerstandslos ließ er sich von den Grenzsoldaten festnehmen. Am gleichen Tag noch wurde er wie geplant den Mitarbeitern der US-Botschaft übergeben, die ihn dann nach West-Berlin zurückbringen durften.[18] Dieses Mal protestierte man noch energischer: Wenn die Botschaft auch nach Unterrichtung und Aufforderung nichts gegen die Verletzung der Staatsgrenze unternehme, sei sie allein für alles Weitere verantwortlich. Wieder verpuffte der Protest. Höflich bedankten sich die amerikanischen Diplomaten für die »rücksichtsvolle Behandlung« ihres Landsmannes, wiederholten aber, »daß die USA-Botschaft rechtlich keine Möglichkeit habe, die Bewegungsfreiheit Runnings' einzuschränken, da in Berlin keine Staatsgrenze bestehe und Runnings nicht entmündigt sei und somit, wie jeder andere USA-Bürger, das Recht auf freie Bewegung habe«.[19] Bei aller diplomatischen Höflichkeit war sogar fast so etwas wie leiser Spott zu hören, als der Botschaftsangehörige im Namen von John Runnings um die Rückgabe der Metallleiter bat.

Die folgenden Wochen verbrachte der »gandhische Angreifer« meist damit, am Checkpoint Charlie Flugblätter zu verteilen. Die Beobachter der Staatssicherheit berichteten, dass er dabei ein »quaderförmiges Sichtelement« mitführte, auf dem die Parole »West Ost über die Mauer« zu lesen war. Gemeint war damit ein schlichter Pappkarton an einem Besenstiel. Gelegentlich unterbrach Runnings diese Art der Öffentlichkeitsarbeit, um die Mauerkrone mit Friedensbotschaften zu bemalen, um an der Grenzübergangsstelle mal eben kurz in das Hoheitsgebiet der DDR einzudringen oder auch, um mit schwarzer Farbe den weißen Streifen zu übermalen, der quer über die Friedrichstraße den Grenzverlauf markierte. Ärgerliche, aber doch eher harmlose Symbolik, über die die Staatssicherheit akribisch Buch führte.[20] Man wartete gespannt auf die nächste größere Aktion.

Am 7. August 1986 war es schließlich so weit. Nachdem er den Sender Freies Berlin und einige Zeitungsjournalisten informiert hatte, kletterte John Runnings gegen Mittag mit dem Vorschlaghammer auf die Mauer. Noch am Abend des gleichen Tages berichtete die ARD in der »Tagesschau« über den Vorfall, am nächsten Morgen stand John Runnings in allen Zeitungen. Durch Zufall war sogar ein amerikanisches Fernsehteam vor Ort gewesen. Der Sender CBS hatte eigentlich nur einen Bericht über den bevorstehenden Jahrestag des Mauerbaus bringen wollen. Nun aber konnten die Korrespondenten mit den spektakulären Bildern einer Protestaktion aufwarten. John Runnings hatte es geschafft – mit einem (Hammer-)Schlag war er berühmt, und seine politische Botschaft erreichte endlich die Massen.[21]

Die DDR-Behörden konnten weniger zufrieden sein. So kurz vor dem Jahrestag blieb ihnen nichts anderes übrig, als den Grenzverletzer zum zweiten Mal der Ost-Berliner US-Botschaft zu übergeben. Dass auch der erneute Protest ungehört verhallen würde, obwohl man für den nächsten Wiederholungsfall endgültig strafrechtliche Konsequenzen angedroht hatte, darüber war man sich schon vorher klar gewesen. Noch während sie John Runnings in Gewahrsam hielten, hatten die Mitarbeiter der Staatssicherheit nämlich zwei Telefonate abgehört, die zwischen der US-Botschaft in Ost-Berlin und der US-Mission West-Berlin geführt wurden. Ganz unter sich zeigten sich die US-Diplomaten durchaus amüsiert über den Vorfall, scherzten und lachten und meinten zudem, dass »eine eventuelle Verurteilung Runnings' niemandem außer ihm selbst nützen würde, weil es gerade das ist, was er erreichen will«.[22]

Die Diplomaten hatten recht. Für John Runnings war die erneute Freilassung kein Grund zum Lachen, denn er wollte in der Tat verurteilt werden. Aber der Auftritt mit dem Vorschlaghammer war auch nicht vergebens, denn das Interesse der internationalen Medien war nun geweckt. Und eben diese Berichterstattung inspirierte ihn nun zur nächsten Protestaktion. Viele Zeitungen hatten das Bild von ihm mit dem Vorschlaghammer abgedruckt, aber es war der anschließende Balanceakt auf der Mauerkrone, der ihm seinen Spitznamen eingebracht hatte: John Runnings, der Mauerläufer. Diese neue Popularität wollte er nutzen und fertigte andere Flugblätter an, mit denen er die West-Berliner einlud, gemeinsam mit ihm einen Mauerspaziergang zu machen: natürlich nicht an ihr entlang, sondern auf ihrer Krone.[23]

Als John Runnings am 4. Oktober 1986 dann das von ihm gezimmerte Leiterpodest aufbaute, gab es zwar reichlich Publikum, aber nur zwei Berliner, die das Risiko wirklich auf sich nehmen wollten.[24] Gemeinsam ließen sich die drei Spaziergänger am Potsdamer Platz erst fotografieren, um dann die Mauer zu besteigen. Weit waren sie nicht gekommen, als ein Lastwagen der Grenztruppen angefahren kam. Von der Pritsche aus gelang es den Soldaten, Runnings und einen seiner Begleiter herunterzuziehen. Der dritte Mann entkam. Gegen Mirko Brahms – so hieß der junge West-Berliner, der festgenommen werden konnte – wurde nun Haftbefehl erlassen. Die Staatssicherheit leitete ein Ermittlungsverfahren wegen »Grenzdurchbruch in besonders schwerem Fall« ein, »um damit die Nachahmung derartiger Machenschaften durch weitere gedungene Elemente in Berlin (West) auszuschließen«. John Runnings aber übergab man nun bereits zum dritten Mal der US-Botschaft. In einer Mitteilung an Erich Honecker begründete Mielke diesen Schritt vor allem mit der politischen Großwetterlage:

> *»Angesichts des bevorstehenden Treffens zwischen dem Generalsekretär der KPdSU, Michael Gorbatschow, und USA-Präsident Ronald Reagan am 11. und 12. Oktober in Reykjavik ist auf strafrechtliche Maßnahmen gegen Runnings zu verzichten, um zu verhindern, daß seine provokatorischen Machenschaften propagandistisch hochgespielt werden.«*

Die Inhaftierung von Mirko Brahms sollte sich als folgenschwerer Fehler erweisen, denn das spornte John Runnings nur noch mehr an. Zurück in West-Berlin, gestaltete er sogleich das »Sichtelement« um: »Über die Mauer für Mirko – eingesperrt in der DDR« war nun auf dem Pappkarton zu lesen. Auf Flugblättern drohte er an, immer und immer wieder über die Mauer zu klettern, so lange, bis »Mirko wieder in Westberlin ist«.[25] Auf der einen Seite tat es dem Friedensaktivisten sehr leid, dass nun ein anderer für seine Ideen im Gefängnis sitzen musste. Andererseits war er sich wohl bewusst, dass damit seinem Protest eine noch stärkere Durchschlagskraft verliehen worden war. Nun konnte er den Journalisten auch einen »emotionalen Grund« für die politische Invasion anbieten.[26] Außerdem wollte er jetzt die Souveränität der DDR in zweifacher Weise herausfordern – durch eine Grenzverletzung einerseits und andererseits dadurch, dass er ihr das Recht absprach, den jungen Mann festzuhalten. Auf seinen Appell hin versammelten sich am 25. Oktober 1986 etwa 60 Schaulustige am Checkpoint Charlie, unter ihnen

Zeitungsjournalisten, ein Fernsehteam, der Direktor des Mauermuseums sowie der amerikanische Graffiti-Künstler Keith Haring. Alle wollten sie zusehen, wie John Runnings mit Pappkarton und Besenstiel als Lanze im Laufschritt in die Grenzübergangsstelle eindrang. Er kam bis zum ersten Schlagbaum, wo er von den Grenzsoldaten aufgehalten und festgenommen wurde. Und dieses Mal glaubte er sein Ziel erreicht zu haben: Endlich würde gegen ihn ein Ermittlungsverfahren eingeleitet werden.

Bei der Staatssicherheit hatte man in der Tat eingesehen, dass der Grenzverletzer von sich aus die »Angriffe« nicht einstellen und auch die US-Botschaft ihn nicht davon abhalten würde. Die Abwehrstrategie war gescheitert und sogar mehr als nur das. Mit den Rückführungen und Protestnoten der vergangenen Monate hatte man sich gewissermaßen eine doppelte Missachtung der Souveränität der DDR eingehandelt: durch den Provokateur, der wiederholt die Existenz der Staatsgrenze negieren durfte, und durch die Diplomatie, die ihm auch noch recht gegeben hatte mit der Behauptung, in Berlin existiere keine solche Grenze. Dieser Zustand ließ sich nicht länger dulden, und so wollte man nun beide Demütigungen gleichzeitig aus der Welt schaffen. Dennoch hatte Runnings sich getäuscht, den Gefallen einer Verurteilung wollte man ihm noch immer nicht tun. Stattdessen plante die Staatssicherheit, die arrogante Haltung der US-Botschaft herauszufordern. In der Überzeugung, dass die Auslandsvertretung bei der Inhaftierung eines ihrer Schutzbefohlenen würde einschreiten müssen, wollte man die Amerikaner nun zwingen, den Provokateur zurück in die Staaten zu bringen. Der US-Botschaft wurde also mitgeteilt, dass

> *»seitens der zuständigen Organe der DDR eine großzügige humanitäre Entscheidung im Ermittlungsverfahren gegen Runnings nur unter der Voraussetzung in Erwägung gezogen werden kann, wenn seitens der verantwortlichen Vertreter*

der USA zugesichert wird, daß Runnings nach einer möglichen Haftentlassung unverzüglich aus Westberlin entfernt und nach den USA zurückgebracht wird«.[27]

Dass ausgerechnet US-Diplomaten diese Aufgabe übernehmen sollten, wurde nicht nur als angemessene Antwort auf deren abfällige Bemerkungen verstanden. Ein weiterer, vielleicht noch größerer Vorteil dieser Lösung wäre, dass John Runnings später nicht würde behaupten können, er sei von den DDR-Behörden deportiert worden. Es wurde jedoch schnell klar, dass die Staatssicherheit sich verkalkuliert hatte. So leicht ließen sich die Amerikaner nicht erpressen. Erneut brachte ein abgehörtes Telefonat Gewissheit.[28] Die Gesprächsteilnehmer – zwei hochrangige Mitarbeiter der US-Botschaft – waren sich einig darin, Runnings sei das alleinige Problem der DDR, und die könne ihn auch verurteilen. Dass dies aber große Probleme nach sich ziehen würde, so das Gespräch weiter, wisse man in Ost-Berlin sicher auch. Die US-Botschaft würde sich jedenfalls nicht anders verhalten als zuvor. Der Bluff der Staatssicherheit war also auf ganzer Linie gescheitert.

Völlig unerwartet gab es jedoch kurze Zeit später wieder neue Hoffnung. Nachdem er zunächst für die Freilassung von Mirko Brahms in den Hungerstreik getreten war, willigte John Runnings nach fünf Tagen ein, in die USA zurückzukehren, wenn die DDR-Behörden im Gegenzug den jungen West-Berliner gehen ließen. Da es aber vom Flughafen Berlin-Schönefeld keine direkte Flugverbindung in die USA gab und die Staatssicherheit es auch weiterhin gern so aussehen lassen wollte, als habe sie mit der Abreise nichts zu tun, wurde noch einmal – diesmal etwas weniger forsch – bei der US-Botschaft nachgefragt: Ob die Diplomaten vielleicht bereit wären, den US-Bürger Runnings an der Grenze zur Bundesrepublik zu übernehmen und ihn dann zum Flughafen nach Frankfurt zu fahren? Er tue dies nun schließlich freiwillig. Nach seinem Abflug wolle man dann unverzüglich auch Mirko Brahms freilassen. Diesmal wurde die Anfrage im State Department in Washington entschieden. Von dort ließ man die DDR-Behörden wissen, man lehne »auch eine begrenzte Mitwirkung an der Ausweisung des Runnings ab«.[29]

In ihrer Verzweiflung, den Provokateur endlich loszuwerden, wandten sich die Mitarbeiter des Ministeriums für Staatssicherheit schließlich an die westdeutschen Behörden. Dabei ging man davon aus, dass Bonn zumindest an der Freilassung von Mirko Brahms interessiert sein würde. Aber auch die Westdeutschen wollten sich auf einen Handel nicht einlassen. Wenn die DDR-Behörden allerdings beide gleichzeitig freiließen, dann sei das etwas anderes. Der Staatssekretär im Bundesministerium für innerdeutsche Beziehungen erklärte, man sei bei einer solchen Sachlage bereit, »eine Ausweisung über die BRD mit dem Ziel einer unverzüglichen Ausreise des Runnings in die USA zu unterstützen«. Es stehe aber nicht in seiner Absicht, »im Fall einer Sinneswandlung des Runnings, Druck oder Gewalt anzuwenden«. Für Ost-Berlin war mit dem Angebot natürlich ein hohes Risiko verbunden. Mit der gleichzeitigen Freilassung des jungen West-Berliners würde man das einzige Druckmittel aus der Hand geben, und was, wenn Runnings sich dann tatsächlich gegen die Ausreise entscheiden sollte? Aber eventuell hätte es auch Vorteile, wenn Mirko Brahms ihn auf seiner Reise nach Frankfurt begleitete. Während des Hungerstreiks hatte Brahms nämlich »aktiv an der Herbeiführung der Rückkehrbereitschaft des Runnings mitgewirkt«, und man hoffte nun, er würde »die positive Einflußnahme auf Runnings bis zum Abflug in die USA« fortsetzen. Den Ausschlag gab am Ende dann einmal mehr die Sorge um die Außenwirkung: »Diese Variante garantiert die größte Wahrscheinlichkeit, daß wenig Aufsehen erregt und die Rückkehr in die USA organisiert wird.« So kam es also, dass Mirko Brahms gemeinsam mit John Runnings am 7. November 1986 an der Grenzübergangsstelle Wartha-Herleshausen in Thüringen den Vertretern des westdeutschen Roten

Kreuzes übergeben und in Begleitung von Beamten des Bundesgrenzschutzes in ein Aufnahmelager nach Gießen gebracht wurde. Brahms durfte sofort gehen, dem »gandhischen Angreifer« boten die westdeutschen Beamten an, ihn nun zum Flughafen zu chauffieren. Er lehnte freundlich dankend ab. Man solle sich seinetwegen bitte keine Umstände machen, er könne durchaus allein mit der Bahn nach Frankfurt fahren, was er dann auch tat. Dort erwischte er noch den aus Basel ankommenden D-Zug Nummer 359. Nur rund neunzehn Stunden nach seiner Ausweisung aus der DDR war John Runnings wieder in West-Berlin.[30]

Als der Rentner aus Seattle am 18. November 1986 dann ein zweites Mal zum Vorschlaghammer griff und auf die Mauer kletterte, hatte er die Staatssicherheit so weit zermürbt, dass ihr nur noch genau das blieb, was sie seit Monaten unbedingt hatte vermeiden wollen. Es war nun klar, das internationale Ansehen des sozialistischen Staates würde durch eine Verurteilung des Grenzverletzers weit weniger Schaden nehmen als dadurch, dass er weiterhin mit offensichtlicher Billigung der westlichen Diplomatie die staatliche Souveränität selbst der Lächerlichkeit preisgeben würde. Am 16. Februar 1987 verurteilte das Stadtbezirksgericht Lichtenberg den 69-jährigen US-Bürger John Runnings zu achtzehn Monaten Freiheitsentzug.

Dass der Schuldspruch trotz eindeutiger Beweislage und willfährigem Gericht erst drei Monate nach der letzten Grenzprovokation ergehen konnte, lag an einem allerletzten Versuch der Staatssicherheit, dem Dilemma der »gandhischen Methode« zu begegnen, ohne dabei das Gesicht zu verlieren.

Wenn man dem Provokateur schon zu der öffentlichen Aufmerksamkeit verhelfen musste, auf die er es die ganze Zeit abgesehen hatte, dann wollte man den Prozess auch nutzen, um die Unverletzlichkeit der Staatsgrenze noch einmal zu unterstreichen. Hierzu mussten Beweise vorliegen, die eine Ausübung der Straftaten mit Absicht und bei klarem Verstand belegten. Die Vorsätzlichkeit war angesichts der vielen Flugblätter leicht zu dokumentieren, aber die Zurechnungsfähigkeit musste erst durch endlose Befragungen, Hirnstrommessungen und Puzzlespiele nachgewiesen werden. Denn »aufgrund der Art und Weise seiner provokativen Handlungen und seines Alters ist zur Sicherung eines international unangreifbaren Urteils eine psychiatrische Begutachtung des Runnings unumgänglich«.[31] Die aufwendigen Tests verzögerten das Ermittlungsverfahren erheblich, vielleicht auch, weil John Runnings beim Puzzlespiel noch nie besonders gut gewesen war: »Puzzles puzzle me«, entschuldigte er sich bei dem Arzt, der versuchte, die Grundlage für das »unangreifbare Urteil« zu schaffen.[32]

Auf Umwegen sollte mit dem ganzen Aufwand sogar das internationale Ansehen der DDR erhöht werden. Je härter und belastbarer das Urteil, desto wirkungsvoller die humanitäre Geste, wenn man den Verurteilten dann sofort abschieben würde – noch immer wollte die Staatssicherheit John Runnings nicht im Gefängnis behalten. Die Strafe wurde auf drei Jahre zur Bewährung ausgesetzt. Am 20. Februar 1987 fuhr man John Runnings nach Prag und setzte ihn dort in ein Flugzeug, das ihn nach New York brachte. Endlich war man ihn los.

Die Geschichte der »politische Invasion« der DDR durch John Runnings ist in mehrfacher Hinsicht außergewöhnlich. Zunächst ist schon die Persönlichkeit des Mauerspringers auf ihre Weise beeindruckend, sein an Starrsinn grenzendes Durchhaltevermögen, aber auch die Originalität sowohl der theoretischen Begründung als auch der praktischen Umsetzung seines Protests. Die öffentliche Aufmerksamkeit, die er auf sich zog, war also kaum überraschend. Doch erst der Blick in die Unterlagen der Staatssicherheit lässt das wirklich Besondere daran erkennen: die enorme Hilflosigkeit der DDR-Behörden im Umgang mit einer »verletzlichen Aggression«. Natürlich war das Ministerium für Staatssicherheit daran nicht ganz unschuldig gewesen. Eklatante Fehlentscheidungen hatten mit dazu beigetragen, dass der Prozess am Ende unvermeidlich wurde. Aber gerade im Vergleich zu anderen »Grenzverletzungen WB–DDR« offenbart diese Geschichte ein gänzlich neues Phänomen. In den vorangegangenen Jahren hatte die Staatssicherheit in zahlreichen Fällen versucht, übermütigen, geldgierigen, heimwehgeplagten und sogar geistig verwirrten Mauerspringern eine provokatorische Absicht nachzuweisen, um mit Verurteilungen und diplomatischen Protesten auf der staatlichen Souveränität der DDR zu beharren. John Runnings hingegen wollte ganz offensichtlich provozieren, ihm musste nichts angedichtet werden. Niemand handelte offener in Missachtung der Souveränität der DDR, aber gerade bei ihm begann die Staatssicherheit plötzlich zu zögern.

Diese Zurückhaltung lag natürlich in erster Linie am »gandhischen« Charakter der Grenzprovokationen. Und doch hätte auch diese Form des Protestes wohl zu einem früheren Zeitpunkt eine völlig andere Reaktion des MfS hervorgerufen. Nun fiel der Berlin-Aufenthalt von John Runnings aber zeitlich zusammen mit der langsam heraufziehenden Krise des sozialistischen Projekts. Mitte der achtziger Jahre ließen sich die wirtschaftlichen Schwierigkeiten der DDR nicht länger übersehen. Der von Franz Josef Strauß vermittelte Milliardenkredit hatte zwar kurzfristige Abhilfe geschaffen, aber damit war die Abhängigkeit vom Westen für alle deutlich geworden. Im Gegenzug hatte die DDR sich dann auch verpflichten müssen, mit dem Abbau der Selbstschussanlagen an der innerdeutschen Grenze zu beginnen. Die Souveränität der DDR war also in wirtschaftlicher Hinsicht bereits mehr als fragwürdig. Dass die dann nötige Finanzspritze auch noch mit Kompromissen an der Staatsgrenze erkauft werden musste, verschlimmerte die Angelegenheit nur. Mit den Ereignissen in Polen und den Reform- und Entspannungsbemühungen von Michail Gorbatschow kamen außerdem noch erste Zweifel an der langfristigen Verlässlichkeit der Bündnispartner hinzu. In dieser Situation erschien die konfrontative, aus der Verteidigung der Staatsgrenze abgeleitete Forderung nach der Achtung der Souveränität der DDR nicht mehr zeitgemäß. Nicht dass die DDR zu einer wirklichen Lockerung ihres Grenzregimes bereit gewesen wäre; die ständig steigende Zahl der versuchten und auch der gelungenen Fluchten ihrer eigenen Bürger machte die Sicherung nach innen nötiger denn je. Doch zumindest die »Grenzzwischenfälle WB–DDR« sollten in Zukunft eher herunter- als hochgespielt werden. Den Kampf um internationale Anerkennung wollte die DDR lieber durch positive Schlagzeilen gewinnen, wie man sie sich zum Beispiel von der bevorstehenden Reise Erich Honeckers in die Bundesrepublik im September 1987 erhoffte. Und auch hierfür schien es notwendig, den »gandhischen Angreifer« schnellstmöglich loszuwerden – er wurde in diesem Zusammenhang als »Gefahrenträger« eingestuft.[33] Warum aber die Staatssicherheit Runnings nicht einfach ohne Prozess in die USA abgeschoben hat, sondern mit der Verurteilung die Souveränität der DDR abermals unterstreichen wollte, wird wohl nicht abschließend zu klären sein. Vielleicht konnte das Ministerium einfach nicht akzeptieren, dass der Rentner die monatelange Auseinandersetzung für sich hatte entscheiden können, vielleicht war es das Bedürfnis, vor der Staats- und Parteiführung nicht völlig hilflos dazustehen, oder vielleicht auch nur die Hoffnung, die Bewährungsstrafe würde auf den Amerikaner und auf eventuelle Nachahmer abschreckend wirken.

Welche Erwägungen auch immer den Ausschlag dafür gaben, die Geschichte auf diese Art und Weise zu beenden, alle wurden sie genau in dem Moment gegenstandslos, als am 22. Mai 1989 um 18 Uhr die Räder einer aus Frankfurt anfliegenden Pan-Am-Maschine die Landebahn des Flughafens Tegel berührten. »Mauerläufer Runnings kommt wieder. Diesmal bringt er einen Rammbock mit«, berichtete die *B.Z.*[34] Der Zimmermann hatte einen sechs Meter langen Holzbalken auf einen Jeep montiert. An der Spitze des Balkens prangte ein eindrucksvoller, selbst gefräster Widderkopf. Bei seiner Ankunft kündigte Runnings an, mit dem Fahrzeug die Mauer durchbrechen zu wollen, aber den eigentlichen Grund für seine Rückkehr hatte er bereits unmittelbar nach der Ausweisung zwei Jahre zuvor der Presse bekanntgegeben. Vor Ablauf der Bewährungsfrist wollte er seine eigene Festnahme provozieren und damit die DDR-Behörden zwingen, ihm endlich die achtzehnmonatige Freiheitsstrafe zu gewähren.[35]

Im Jahr 1982 hatte Runnings lediglich einen Stein aus der Mauer herausbrechen wollen, 1986 hatte er sie mit einem Vorschlaghammer demoliert, 1989 wollte er nun also in mittelalterlicher Manier seine Belagerung mit der Erstürmung Ost-Berlins zu einem siegreichen Ende bringen. Eine schwerwiegendere Grenzprovokation oder eine gröbere Missachtung der Souveränität der DDR ist kaum vorstellbar. Doch mit der Reaktion des Ministeriums für Staatssicherheit auf die angekündigte Zerstörung der Mauer wird die Geschichte des nunmehr 72-jährigen Rentners vollends zu einer Parabel für den Niedergang der Deutschen Demokratischen Republik. Nicht weniger als sieben IMs wurden in West-Berlin auf Runnings angesetzt, ein spezielles Lagezentrum eingerichtet, und am Grenzübergang Friedrichstraße arbeitete eine MfS-Sondereinheit im Schichtbetrieb, um Ausschau nach dem Grenzverletzer zu halten. Der ganze Aufwand diente aber nicht dazu, die Provokation abzuwehren oder mit Entschlossenheit »die territoriale Integrität der DDR und die Unverletzlichkeit ihrer Staatsgrenze« zu demonstrieren. Stattdessen ging es darum, den geeigneten Zeitpunkt für den Beginn eines Theaterstückes zu finden, das die Staatssicherheit unter dem Titel »Operation Bock« aufführen wollte.[36] Die Freiheitsstrafe war John Runnings schon vorab per Amnestie erlassen worden. Im Falle einer erneuten Grenzverletzung wollte man ihm nun am »vorderen Sperrelement« einen Empfang bereiten. Hier – also direkt vor den Augen der westlichen Beobachter – sollte er »durch medizinisches Personal, das als solches auch durch Bekleidung (weiße Kittel oder Rot-Kreuz-Uniform) rein äußerlich erkennbar war, als ›akzentuierte Persönlichkeit‹ in Betreuung genommen und mit dem Krankenwagen in eine zivile medizinische Einrichtung zur Untersuchung gebracht« werden. Dort würde man ganz behutsam mit ihm reden und dabei »beachten, daß es zu keinen Unfällen kommt (Fenstersturz) und er nicht den Eindruck erhält, in einer geschlossenen Anstalt zu sein«. Danach würde man ihn wieder zurückführen. Dieses Mal wollte man Runnings aber nicht der US-Botschaft, sondern dem Deutschen Roten Kreuz in West-Berlin übergeben und darüber auch eine entsprechende ADN-Meldung veröffentlichen.

Da die West-Berliner Polizei den Rammbock aber umgehend nach der Ankunft John Runnings' beschlagnahmt hatte, musste die Besatzung des Sanitätskraftwagens hinter dem Checkpoint Charlie fast drei Monate auf ihren Auftritt warten.[37] Erst als Runnings am 14. August 1989 zu Fuß und nur mit einem Stapel Westzeitungen bewaffnet versuchte, illegal in die DDR einzudringen, konnte die »Operation Bock« endlich beginnen – eine Inszenierung, deren einziger Zweck darin bestand, den Mann, dem man nur zwei Jahre zuvor mit einigem Aufwand die volle Zurechnungsfähigkeit bescheinigt hatte, vor aller Welt nun als geistig verwirrt dastehen zu lassen. Wie oft hatte man in der Vergangenheit versucht, verwirrte Mauerspringer als Grenzprovokateure zu entlarven – jetzt war nur noch das Gegenteil möglich. Im Spätsommer 1989 musste der hartnäckigste aller Grenzprovokateure wohl als verrückt gelten, denn wer wollte schon in die DDR eindringen, wenn zur gleichen Zeit Tausende DDR-Bürger dem Land den Rücken kehrten? So hatte die Staatssicherheit schließlich der Westpropaganda unfreiwillig recht gegeben – keine drei Monate später fiel die Berliner Mauer.

Vertrauliche Verschlußsache!
VVS-Nr.: A 624 943 ..1.. Ausf. Bl. 8 129

Lage an der Staatsgrenze

Anlage 2

		1986	Vorjahr
Grenzverletzungen vom Gebiet WESTBERLINS aus (gesamt)		7.911	5.004
davon: Betreten des Hoheitsgebietes der DDR		6.347	3.230
Anschläge auf das Hoheitsgebiet der DDR		1.564	1.774
Zur Einweisung und Hetze an die Staatsgrenze herangeführte Personen		1,43 Mio.	1,58 Mio.
Festnahmen wegen Grenzverletzung	in Richtung DDR	34	24
bzw. versuchten Grenzdurchbruchs	in Richtung WB	318	194
Grenzdurchbrüche (Personen)		22	4

Vordruck Ag 117/XXVI-3/269/82 für Erich Honecker

Zur Lage an der Staatsgrenze

Wer in redlicher Absicht kommt und die in unserem Staat geltenden Rechtsnormen achtet, findet Einlaß an einer der rund zwanzig Grenzübergangsstellen um Westberlin. Nicht ohne Stolz zeigen wir allen Gästen unser blühendes Land – das Reiseland DDR – international anerkannt, als Handelspartner gesucht und geachtet.

Für alle Unbelehrbaren aber bleibt sie ein unüberwindliches Hindernis – unsere Staatsgrenze, auf 164 km Westberlin umschließend. Hier, am antifaschistischen Schutzwall, wo die Macht der Ewiggestrigen ein für alle Mal zu Ende ist, erfüllen wir unsere Grenzerpflicht zum Schutze unseres Gestern, Heute und Morgen; zum Schutze auch derer, für die wir die Welt von Morgen bauen. [...]

Wir sind Grenzsoldaten der DDR. Ob Offizier oder Soldat, jeder bemüht sich stets im Sinne Erich Weinerts zu handeln: den Gedanken Licht, den Herzen Feuer, den Fäusten Kraft. Kann man das nicht am besten, indem man das Leben jedes Bürgers unseres Landes schützt und jede Provokation gegen unsere Staatsgrenze abwehrt, wenn es sein muss auch unter Einsatz des Lebens?[1]

Mit diesem kämpferischen Kommentar sollte der 1979 gedrehte Propagandafilm »Unsere Staatsgrenze« die Bürger der DDR von der Notwendigkeit der Berliner Mauer überzeugen. Doch mit Ausnahme einer kurzen, aus weiter Ferne gedrehten Einstellung, verzichtete der Regisseur darauf, die gepriesene Grenzanlage überhaupt zu zeigen. Das war womöglich auch besser so, denn als »antifaschistischer Schutzwall« war die Berliner Mauer eine Fehlkonstruktion.

Um das zu erkennen, genügte ein einziger Blick auf das Bauwerk. Der »Schutzwall« stand ganz offensichtlich verkehrt herum, fast so, als habe man den Wassergraben nicht vor den Burgtoren, sondern hinter den Burgmauern ausgehoben. Um provokatorische Missachtungen der Souveränität der DDR zu verhindern, hätte man den Grenzsignalzaun, die spanischen Reiter, die Hundelaufleinen, den Kolonnenweg und den Kfz-Sperrgraben doch besser »feindwärts« auf der anderen Seite der Mauer platzieren sollen.

Was baulich schon so offensichtlich war, haben die Mauerspringer noch einmal hundertfach unterstrichen. Wirklich missachtet wurde die Souveränität der DDR nicht »feindwärts«, sondern »freundwärts« der Mauer. Warum hat man sich aber so viel Mühe gegeben, mit den »Grenzverletzern WB–DDR« das Gegenteil beweisen zu wollen? Wer sollte somit von der Notwendigkeit des »antifaschistischen Schutzwalls« überzeugt werden?

Nur wenige Mauerspringer-Fälle wurden publik gemacht, die DDR-Bevölkerung scheint also nicht das Ziel der Überzeugungsarbeit gewesen zu sein. In Verhandlungen mit Vertretern der Bundesrepublik und dem West-Berliner Senat wurden die Mauerspringer dagegen sehr wohl als Argument für die Anerkennung der Staatsgrenze eingesetzt. Aber auch das ist eher als verhandlungstaktisches Kalkül, denn als echter Überzeugungsversuch zu werten. Man konnte wohl kaum bei den Faschisten selbst um Verständnis für einen »antifaschistischen Schutzwall« werben.

Doch da gab es noch jemanden, den das DDR-Regime unbedingt von der Notwendigkeit des »antifaschistischen Schutzwalls« überzeugen wollte – sich selbst. Die zahlreichen Vernehmungsprotokolle, Untersuchungsberichte, Gerichtsprozesse, Statistiken und Dokumentationen über die Grenzprovokationen dienten vor allem dazu, die eigene Verlogenheit ertragen zu können. In der Staats- und Parteiführung wollte man sich gern täuschen lassen. So auch Genosse Erich Honecker, wenn er Berichte über die »Lage an der Staatsgrenze« lesen musste. Der Vordruck Ag 117/XXVI-3/269/82 machte ihm die Lektüre dadurch erträglicher, dass er die unangenehme Statistik versuchter und gelungener Republikfluchten mit einer Zeichnung der Berliner Mauer umrahmte. Hier hatte der Graphiker einige West-Berliner Grenzprovokateure eingefügt: unter anderem einen kleinen Saboteur, der ein Loch in die Mauer stemmt, eine Gruppe niedlicher Demonstranten, die hinter einem revanchistischen Banner herlaufen und natürlich auch einen »Grenzverletzer WB–DDR«, der gerade im Begriff ist, über die Mauer in den Osten zu klettern.

Inwieweit der Versuch der Selbsttäuschung erfolgreich war, mag dahingestellt bleiben. Der Graphiker jedoch sollte in gewisser Weise recht behalten. Am 10. November 1989 wurde das Mauerspringen zum Volkssport. Wie John Runnings es vorgemacht hatte, erklommen Hunderte den »antifaschistischen Schutzwall« und tanzten auf ihm herum, bis er unter den tausendfachen Schlägen kleiner Hämmer dann zu Touristentrophäen zerfiel.

Anhang

Anmerkungen

Prolog (S. 7–11)

1 Die Darstellung beruht im Wesentlichen auf dem Untersuchungsbericht des Kommandeurs des Grenzkommandos Mitte vom 21.6.1974, in: Bundesarchiv, Abteilung Militärarchiv Freiburg (nachfolgend BA/MA) GT 5804. Die Witterungsverhältnisse sind dem entsprechenden Eintrag in der maschinenlesbaren Datei »Grenzzwischenfälle« entnommen, in: Bundesarchiv Koblenz (nachfolgend BA/KO) DVH 32 MD. Die Presseberichterstattung zu dem Vorfall umfasste u.a. Tagesspiegel vom 22., 25.–27.6.1974, Bild vom 22.–23. und 26.6.1974 sowie B.Z. vom 22., 25. und 26.6.1974.

»Grenzverletzer WB–DDR« (S. 13–25)

1 Vgl. hierzu die Ergebnisse des Forschungsprojekts »Die Todesopfer an der Berliner Mauer, 1961–1989«. Kooperationsprojekt des Zentrums für Zeithistorische Forschung Potsdam und der Gedenkstätte Berliner Mauer unter der Leitung von Hans-Hermann Hertle und Maria Nooke, Berlin 2008. Demnach starben an der Berliner Mauer insgesamt 136 Menschen. Darunter befanden sich:
»– 98 DDR-Flüchtlinge, die beim Versuch, die Grenzanlagen zu überwinden, erschossen wurden, verunglückten oder sich das Leben nahmen,
– 30 Menschen aus Ost und West ohne Fluchtabsichten, die erschossen wurden oder verunglückten,
– 8 im Dienst getötete DDR-Grenzsoldaten, die durch Fahnen-

flüchtige, Kameraden, Flüchtlinge, einen Fluchthelfer sowie einen West-Berliner Polizisten ums Leben kamen.«

2 Im Zeitraum von 1971 bis 1989 erfasste das Kommando der Grenztruppen über 650000 Vorfälle in der maschinenlesbaren Datei Grenzzwischenfälle (BA/KO DVH 32 MD). Jeder einzelne Fall ist mit 40 Kennziffern belegt, die codiert Auskunft über Datum, Uhrzeit, Witterung, Ort, beteiligte Personen und Grenzeinheiten, Sach- und Personenschäden und vieles mehr geben. Die 203 Mauerspringer wurden herausgefiltert durch eine Kombinationssuche der Kennziffern 01 (Dienststelle), 06 (Art der Handlung) sowie Kennziffer 32_1 (Überwundene Anlagen) mit der Codenummer 07 (Streckmetallzaun) oder 06 (Grenzmauer). Hinzu kommen die 182 Personen (das MfS zählte sogar 196), die an dem im Kapitel »Republikflucht« behandelten Massenmauersprung teilgenommen haben. Für die Zeit vor 1971 fehlen belastbare Zahlen, doch weisen einzelne Dokumente darauf hin, dass auch in den ersten zehn Jahren nach dem Mauerbau das Phänomen nicht unbekannt war. Vgl. hierzu: Stiftung Archiv der Parteien und Massenorganisationen der DDR im Bundesarchiv Berlin-Lichterfelde (nachfolgend SAPMO-BArch) DY 30 IV A2/1290, S. 40 und SAPMO-BArch DY 30 IV A2/1291, S. 79–92.

3 Vgl. die vom Forschungsprojekt »Die Todesopfer an der Berliner Mauer, 1961–1989« erarbeiteten Kurzbiographien von Adolf Philipp (erschossen 1964), Heinz Müller und Gerald Thiem (beide 1970 erschossen), Werner Kühl und Dieter Beilig (beide 1971 erschossen), Dr. Johannes Muschol (erschossen 1981) und Lothar Fritz Freie (erschossen 1982). Alle unter www.chronik-der-mauer.de, 23.3.2009.

4 Vgl. Hertle, Hans-Hermann: Die Berliner Mauer – Monument des Kalten Krieges, Berlin 2007, besonders S. 96.

5 Vgl. Art. 3 und 5 der Vereinbarung, abgedruckt u.a. in: Hamburger Abendblatt vom 13.12.1971, S. 16.

6 Vgl. Nachweiskarte vom 13.9.1974, in: BA/MA GT 5801, und den Bericht in: Archiv der Bundesbeauftragten für die Unterlagen des Staatssicherheitsdienstes der ehemaligen Deutschen Demokratischen Republik in Berlin (nachfolgend MfS) MfS HA I 4225, S. 60f.

7 Vgl. Nachweiskarte vom 30.7.1977, in: BA/MA GT 7772; die Untersuchungsakten der Staatssicherheit, in: MfS AU 15366/77, Bde. 1–4 sowie die Anklageschrift und das Gerichtsurteil, in: Bundesarchiv Berlin-Lichterfelde (nachfolgend BA/B) DP3/2766.

8 Vgl. unter vielen Beispielen MfS HA IX 14393, S. 207; Nachweiskarte vom 22.4.1974, in: BA/MA GT 5801; MfS HA I 13476, S. 192f., und MfS HA IX 14393, S. 69–71.
9 Vgl. Heym, Stefan: Mein Richard, in: Plenzdorf, Ulrich/Schlesinger, Klaus/Stade, Martin (Hg.): Berliner Geschichten. »Operativer Schwerpunkt Selbstverlag«. Eine Autoren-Anthologie: wie sie entstand und von der Stasi verhindert wurde, Frankfurt a.M. 1995, S. 80–98. Hier auch das Verdikt der Hauptverwaltung Verlage und Buchhandel, S. 225. Siehe auch: Schneider, Peter: Der Mauerspringer, Reinbek bei Hamburg 1995, besonders S. 30–33 und 48–51.
10 Vgl. zum Folgenden die Gemeinsame Anweisung, in: MfS BdL/Dok Nr. 010772, S. 1–19.
11 Vgl. zu den internen MfS-Bearbeitungshinweisen: Verfahrensweise bei Grenzverletzungen BRD/DDR und WB/DDR vom 7.7.1975, in: MfS BV Bln HA IX/16, S. 97–115.
12 Beispielhaft für solche Vorfestlegungen vgl. ZAIG Information 267/77, in: MfS HA I 27, S. 523–527.
13 Zit. nach: Hertle, Hans-Hermann/Sälter, Gerhard: Die Todesopfer an Mauer und Grenze. Probleme einer Bilanz des DDR-Grenzregimes, in: Deutschland Archiv 39 (2006) 4, S. 667.

Geld (S. 27–41)

1 Die Darstellung beruht auf den Protokollen der Vernehmungen der drei Mauerspringer, in: MfS AU 2514/72, Bd. 1: Ermittlungsverfahren, hier besonders S. 91–100, 112–117, 121–141, 148–229 und 235–271.
2 Vgl. den Beitrag von Engels, Wolfgang: Mit dem Panzer durch den Todesstreifen. In der Rubrik einestages von Spiegel-Online, in: http://einestages.spiegel.de/static/authoralbumbackground/2558/mit_dem_panzer_durch_den_todesstreifen.html, 25.8.2008.
3 Vgl. Bild-Zeitung vom 25.1.1970; auch in: MfS AU 2514/72, Bd. 1: Ermittlungsverfahren, S. 371. Siehe auch Der Abend vom 24.1.1970, sowie Spandauer Volksblatt, Welt am Sonntag und Tagesspiegel, alle vom 25.1.1970. Auch in: MfS AU 2514/72, Bd. 3: Beiakte, S. 178f.
4 Zu diesem Abschnitt vgl. MfS AU 2514/72, Bd. 1: Ermittlungsverfahren, Festnahmeprotokoll, S. 11, 13f. und 16f., und Bd. 2: Gerichtsakte, S. 113 zur Blutalkoholkonzentration.
5 Vgl. ebd., Bd. 1: Ermittlungsverfahren, S. 91–100.

6 Die folgenden beiden Abschnitte beruhen auf MfS AU 2514/72, Bd. 1: Ermittlungsverfahren, S. 112–141. Das Kündigungsschreiben vom 28.1.1970 findet sich in: MfS AU 2514/72, Bd. 2: Gerichtsakte, S. 46.
7 Vgl. Protokoll seiner Vernehmung vom 27.2.1970, in: ebd., Bd. 1: Ermittlungsverfahren, S. 136–141. Auch in Bd. 2: Gerichtsakte, S. 149–154.
8 Die erste Folge der Spielfilmreihe wurde selbst von westdeutschen Kritikern des Springer-Verlags als völlig überzeichnet wahrgenommen. Vgl. Köhler, Otto: Bärendienst, in: Der Spiegel vom 9.12.1968, S. 78.
9 MfS AU 2514/72, Bd. 1: Ermittlungsverfahren, S. 144.
10 Ebd., S. 142f.
11 Vgl. IM-Bericht vom 26.2.1970, in: ebd., S. 42f.
12 Vgl. Agitationsplan vom 9.3.1970, in: ebd., S. 440–443.
13 Vgl. Neues Deutschland, National-Zeitung und Neue Zeit vom 15.3.1970, siehe auch Junge Welt vom 16.3.1970; als Kopien in: MfS AU 2514/72 Bd. 1: Ermittlungsverfahren, S. 488–492. Das Protokoll der Hauptverhandlung findet sich in Bd. 2: Gerichtsakte, S. 181–216.
14 Plädoyer des Staatsanwalts in dessen Handakte: MfS AU 2514/72, Bd. 5: Handakten des Staatsanwalts, S. 5–18. Siehe auch Tonbandmitschnitt des gesamten Prozesses, in: MfS HA IX Tb 1590 und 1591.
15 Manuskript der Sendung und des Interviews, in: MfS AU 2514/72, Bd. 1: Ermittlungsverfahren, S. 482–485.
16 Der prozessführende Staatsanwalt hatte den Angeklagten selbst noch einmal in der Untersuchungshaftanstalt daraufhin befragt. Vgl. dessen Vermerk vom 3.3.1970, in: ebd., Bd. 5: Handakten des Staatsanwalts, S. 46.
17 Ebd., Bd. 2: Gerichtsakte, S. 255.
18 MfS AU 11390/70, Bd. 1: Ermittlungsakte Dieter Albrecht, S. 239, und MfS AU 11390/70, Bd. 2: Ermittlungsakte Benno Linke, S. 363.
19 Vgl. MfS AU 2514/72, Bd. 4: Handakte, S. 61. Im Prozess wurden sogar 22 entsprechend reißerische Artikelüberschriften verlesen. Damit sollte belegt werden, dass sich Lutz als Revolverjournalist »tarnen« würde. Vgl. Tonbandmitschnitt des Prozesses, in: MfS HA IX Tb 1590 und 1591.
20 Vgl. Treffbericht mit IM 2810, in: MfS AU 2514/72, Bd. 4: Handakte, S. 60.

21 Vgl. Regierungserklärung des Bundeskanzlers Willy Brandt vom 28.10.1969, dokumentiert unter http://www.dhm.de/lemo/html/dokumente/KontinuitaetUndWandel_erklaerungBrandtRegierungserklaerung1969/index.html, 1.9.2008. Die Auseinandersetzung begann am 30. Oktober 1969 auf einer außerordentlichen Sitzung des Politbüros des Zentralkomitees der SED in Dölln. Vgl. hierzu die Mitschrift des persönlichen Mitarbeiters Ulbrichts, Berger, und die Disposition des Politbüromitglieds Honecker, beide abgedruckt als Dokumente Nr. 10 und 7, in: Hofmann, Daniel (Hg.): Dokumente zur Deutschlandpolitik: vom 21. Oktober 1969 bis 30. September 1982, Bd. 1: 21. Oktober 1969 bis 31. Dezember 1970, München 2002, S. 26–30 und 19–22. Zur Ablösung Walter Ulbrichts vgl. u.a.: Kaiser, Monika: Machtwechsel von Ulbricht zu Honecker. Funktionsmechanismen der SED-Diktatur in Konfliktsituationen 1962 bis 1972, Berlin 1997; Staadt, Jochen: Walter Ulbrichts letzter Machtkampf, in: Deutschland Archiv 29 (1996), S. 686–700; und Stelkens, Jochen: Machtwechsel in Ost-Berlin. Der Sturz Walter Ulbrichts 1971, in: Vierteljahrshefte für Zeitgeschichte 45 (1997), S. 503–533. Zu Erich Mielkes Rolle in dem Konflikt vgl. Otto, Wilfriede: Erich Mielke – Aufstieg und Fall eines Tschekisten, Berlin 2000, besonders S. 348f. und 596.

22 ZAIG Information 278/70 vom 13.3.1970, in: MfS ZAIG 1798, S. 1–3. Dort auch der Verweis auf die Absprache mit Lamberz.

Beistand (S. 43–56)

1 Festnahmebericht vom 19.5.1973, in: MfS HA I 4225, S. 88f.

2 MfS AU 3947/76, Bd. 1, S. 32.

3 Vgl. zum folgenden Abschnitt das Vernehmungsprotokoll vom 19.5.1973, den Brief von Regine Bauer an die Staatsanwaltschaft vom 28.1.1974, beide in: MfS AU 3947/76, Bd. 1, S. 14–21 und 83, sowie das Vernehmungsprotokoll vom 23.7.1973, in: ebd., Bd. 2, S. 30–35.

4 Vgl. Vernehmungsprotokoll vom 15.7.1973, in: ebd., S. 21–28.

5 MfS AU 3947/76, Bd. 1, S. 18.

6 Ebd., Bd. 2, S. 34.

7 MfS AU 3947/76, Bd. 2, S. 34. Regine Bauer bestätigt die gesamte Vorgeschichte später; vgl. Vermerk vom 6.8.1973, ebd., Bd. 3, S. 69–72.

8 Vgl. Tagesspiegel vom 7.4.1973.

9 Vgl. MfS AU 3947/76, Bd. 1, S. 22–24. Hinweise auf die bespro-

chenen Themen finden sich in den Briefen Regine Bauers an Werner Sibilski und andere, in: MfS HA IX 1725, S. 116–146.

10 MfS AU 3947/76, Bd. 1, S. 23. Hinweise auf die Diskussionen finden sich auch in der ersten Vernehmung und dem zugehörigen Bericht, S. 14–24.

11 Vgl. zum folgenden Abschnitt grundsätzlich: Winkler, Heinrich August: Der lange Weg nach Westen. Bd. 2: Vom »Dritten Reich« bis zur Wiedervereinigung, München 2001, S. 312–314.

12 ZAIG Information vom 16. 7. 1973, in: MfS HA IX 9229, S. 264–267.

13 Kopien der Berichte in: MfS AU 3947/76, Bd. 1, S. 45–47. Zu Rosa Sibilskis Missverständnis vgl. B.Z. vom 24. 5. 1973, auch in: MfS AU 3947/76, Bd. 1, S. 48.

14 Vgl. zu allen Versuchen, die Richtigstellung zu erreichen, Vernehmung vom 15. 7. 1973 und die nur auf diesen Punkt konzentrierte Vernehmung vom 23. 7. 1973, beide in: MfS AU 3947/76, Bd. 2, S. 21–28 und 49–52. Auch für diese Version lieferte Regine Bauer am 6. 8. 1973 die unabhängige Bestätigung. Der zweite Artikel der B.Z. erschien am 24. 5. 1973, auch in: MfS AU 3947/76, Bd. 1, S. 48.

15 ZAIG Information vom 16. 7. 1973, in: MfS HA IX 9229, S. 264–267 und der Festnahmebericht vom 14. 7. 1973, in: MfS HA I 4225, S. 86 f.

16 Vernehmung vom 15. 7. 1973, in: MfS AU 3947/76, Bd. 2, S. 25 f. Dazu, dass Sibilski die baldige Freilassung erwartete, vgl. Schlussbericht vom 6. 8. 1973, in: MfS AU 3947/76, Bd. 3, S. 53–58.

17 ZAIG Information vom 16. 7. 1973, in: MfS HA IX 9229, S. 264–267.

18 Nervenärztliches Gutachten vom 31. 7. 1973, in: MfS AU 3947/76 Bd. 3, S. 40–50. Hervorhebung im Original.

19 Ebd., S. 64.

20 Ebd., Bd. 1, S. 147 f.

21 Kowalczuk, Ilko-Sascha: Energisches »Handeln« erfordert die besondere Lage – Politische Strafverfolgung vor und nach dem »17. Juni 1953«, in: Engelmann, Roger/Kowalczuk, Ilko-Sascha (Hg.): Volkserhebung gegen den SED-Staat. Eine Bestandsaufnahme zum 17. Juni 1953, Göttingen 2005, S. 227 f.

22 Vgl. das handschriftliche Protokoll der Verhandlung, in: MfS AU 3947/76, Bd. 2, S. 64–70.

23 Urteil des Stadtbezirksgerichts Pankow vom 31. 8. 1973, ebd., Bd. 3, S. 107–109.

24 Vgl. ebd., S. 84 f.
25 MfS AU 3947/76, Bd. 2, S. 82.
26 Vgl. ebd., Bd. 3, S. 137–139.
27 Vgl. den Vermerk über die Unterredung vom 6.8.1973, ebd., S. 69–72.
28 Ebd., Bd. 1, S. 166.
29 Ebd., S. 167. Für die eingeschlagene Glasscheibe und die anschließende Ausweisung vgl. ebd., Bd. 1, S. 175–177, sowie das Festnahmeprotokoll vom 21.12.1973, in: MfS HA I 4225, S. 73 f.
30 Vgl. unter vielen MfS AU 3947/76, Bd. 1, S. 83, Bd. 3, S. 99, sowie MfS HA IX 1725, S. 129, 140–143 und 146.
31 MfS HA IX 1725, S. 128. Siehe auch das Festnahmeprotokoll vom 21.12.1973, in: MfS HA I 4225, S. 73 f.
32 Vgl. Beurteilungsblatt vom 3.4.1974, in: MfS HA IX 1725, S. 116.

Heimweh (S. 59–71)

1 Die Angaben über das Verhältnis zu seinen Eltern beruhen auf einem undatierten Brief von Berthold, in: MfS Nbg AU 1122/74 GA, S. 68 f. Die Angaben zu seinen Vorlieben etc. beruhen auf den vielen Befragungsprotokollen, in: MfS Nbg AU 1122/74 GA. Der undatierte Brief wurde vor dem Schulabschluss im Juli 1973 verfasst.
2 Die Darstellung des Ausreißversuchs basiert auf der Beschuldigtenvernehmung vom 7.11.1973, in: MfS Nbg AU 1122/74 EV, S. 133–137, und dem Protokoll der Sitzung der Konfliktkommission, in: MfS Nbg AU 1122/74 GA, S. 77–79. Konfliktkommissionen waren eine Besonderheit des DDR-Rechtswesens. Wie das sowjetische Vorbild der Kameradschaftsgerichte dienten sie dazu, einvernehmliche außergerichtliche Regelungen zur Beilegung einfacher Streitigkeiten zu finden.
3 Die Angaben zum Grenzdurchbruch basieren auf den Aussagen Brandts, in: MfS Nbg AU 1122/74 GA und der Aussage von Monika S., in: MfS Nbg AU 1122/74 EV, S. 365–367.
4 MfS Nbg AU 1122/74 EV, S. 375.
5 Vgl. das Vernehmungsprotokoll, in: MfS Nbg AU 1122/74 GA, S. 134–149, besonders S. 139.
6 Zur Entschlussfassung vgl. seine Aussage vom 27.3.1974, in: MfS Nbg AU 1122/74 EV, S. 183.
7 Vgl. Handschriftliches Vernehmungsprotokoll vom 24.4.1974, ebd., S. 278–290.

8 Vgl. Aussage von Monika S., in: MfS Nbg AU 1122/74 EV, S. 365–367.
9 MfS Nbg AU 1122/74 GA, S. 294.
10 Gemeinsame Anweisung, in: MfS BdL/Dok Nr. 010772, S. 1–19.
11 MfS Nbg AU 1122/74 EV, S. 99. Die Verfügung zur Einleitung eines Ermittlungsverfahrens nach § 213, ebd., S. 22.
12 Vgl. ebd., S. 61–71.
13 Vgl. MfS Nbg AU 1122/74 GA, S. 80–93.
14 Ebd., S. 70–75. Hier auch die nachfolgenden Zitate.
15 Ebd., S. 73.
16 Undatierter Brief von Berthold, ebd., S. 68 f.
17 Vgl. MfS Nbg AU 1122/74 EV, S. 100 f.
18 Ebd., S. 100.
19 Ebd., S. 214.
20 In der Erstbefragung am Tag der Verhaftung hatte Berthold noch anders geklungen: »Mein Entschluss, die DDR ungesetzlich zu verlassen, war auf meine bisherige persönliche und berufliche Entwicklung in der DDR, mit der ich nicht zufrieden war, zurückzuführen.« Er habe einfach die Lust verloren, Unsinn gemacht und Schulden angehäuft. Dieses Protokoll fand jedoch nicht seinen Weg in die Gerichtsakte. Vgl. ebd., S. 173.
21 Vgl. die Vernehmungsprotokolle zu den Sichtungsstellen vom 11.4.1974 (US) vom 17.4.1974 (GB) und vom 18.4.1974 (F), ebd., S. 214–249.
22 Vgl. Urteil vom 25.7.1974, in: MfS Nbg AU 1122/74 GA, S. 251–258.
23 In den offiziellen Vernehmungsprotokollen wurden diese Details getilgt, doch die Ermittlungsakte enthält noch die handschriftlichen Aufzeichnungen des Protokollanten, die hierüber Auskunft geben, vgl. MfS Nbg AU 1122/74 EV, S. 292–299.
24 Vgl. MfS HA IX 17877, S. 8, 36 f. und 46–49.
25 Vgl. MfS Nbg AU 1122/74: Vollzugs- und Erziehungsakte, passim.

Liebe (S. 73–90)

1 Die Darstellung beruht im Wesentlichen auf den in der Akte MfS AP 11121/76 enthaltenen Vernehmungsprotokollen sowie auf einem persönlichen Interview mit Udo Cürsgen vom 5.12.2007.
2 Vgl. Berliner Morgenpost, Bild-Zeitung, B.Z. und Welt vom 23.6.1976.

3 Vgl. Bunte Nr. 39 vom 16.9.1976, Quick Nr. 42 vom 7.10.1976 sowie Paris Match Nr. 1428 vom 9.10.1976.
4 Muss es denn gerade einer aus dem Westen sein?, in: Die Zeit vom 29.10.1976, S. 63.
5 Vgl. Aktenvermerk 23.6.1976, in: MfS AP 11121/76, S. 105.
6 Vgl. Bericht vom 25.6.1976, ebd., S. 176–186, sowie die Vernehmungsprotokolle.
7 Vgl. MfS AIM 457/76, S. 133 und 135.
8 MfS AP 11121/76, S. 185f.
9 Vgl. Cürsgens persönliche Niederschrift sowie das Protokoll der »Pychiatrischen Exploration«, beide vom 23.6.1976, ebd., S. 52–54.
10 Berliner Morgenpost und B.Z. vom 24.6.1976.
11 MfS AP 11121/76, S. 181.
12 Berliner Morgenpost und B.Z. vom 4.8.1976.
13 Bericht über die Flucht- und Ausreisebewegung von medizinischem Personal, April 1976, in: MfS ZAIG 4670, S. 98–106, hier S. 105.
14 Vgl. einen Brief von Inge Schlie an Udo Cürsgen (einbehalten) vom 28.6.1976, in: MfS AIM 457/76, S. 125–130.
15 Vgl. hierzu und dem Folgenden den Bericht der KD Köthen über eine Aussprache mit der Familie von Inge Schlie vom 17.7.1973, ebd., S. 27–30.
16 Vgl. Operative Meldung der Hauptabteilung VI (Linie Passkontrolle) vom 21.1.1974, ebd., S. 62f.
17 Treffbericht mit IMS »Schaffenger« vom 22.1.1974, ebd., S. 59f.
18 Bericht über die Aussprache vom 21.1.1974, datiert auf den 24.1.1974, ebd., S. 42–44.
19 Einleitung und Operationsplan der OPK, ebd., S. 11f. und 14–18.
20 Vgl. Bericht zur Werbung des IMS »Hendrix« aus der OPK Schlie vom 31.1.1974, ebd., S. 101–108. Inge Schlies schriftliche Verpflichtungserklärung: ebd., S. 139.
21 Auskunftsbericht und Beurteilung über IMS »Hendrix« vom 22.4.1974, ebd., S. 152–160.
22 Prüfung der AG Aufklärung, Magdeburg vom 13.5.1975, ebd., S. 184f.
23 Einschätzung der Zusammenarbeit mit dem IMS »Hendrix« vom 8.3.1976, ebd., S. 186–188.
24 Vgl. ebd.
25 Vgl. diverse Vermerke hierzu in: MfS Mgb AOPK 2014/76, S. 32–34.

26 Vgl. Vermerk vom 26.4.1976, zum Kurztreff mit IM »Hendrix« in der Schule am 23.4.1976, in: MfS AIM 457/76, S. 189 f.
27 Vgl. Aktenvermerk über Kurztreff mit IM »Franz Richter« vom 27.4.1976, ebd., S. 192.
28 Vgl. Aktenvermerke, 28.4.1976, ebd., und 6.5.1976, in: MfS Mgb AOPK 2014/76, S. 35.
29 Vgl. undatierten Vermerk des Führungsoffiziers, in: MfS AIM 457/76, S. 195 f.
30 Protokoll über eine Aussprache mit Inge Schlie am 12.5.1976 in der Dienststelle der VPKA Magdeburg, Kriminalpolizei, in: ebd., S. 197.
31 Vgl. Vermerk vom 27.5.1976, ebd., S. 19*f*
32 Operativplan für die Einleitung der OPK vom 21.6.1976, in: MfS Mgb AOPK 2014/76, S. 13–15.
33 Vgl. handschriftliche Notiz zur Übergabe der Akten vom 11.8.1976: »Die Übergabe erfolgte auf Weisung des persönlichen MA des Gen. General Beater«, in: MfS Mgb AOPK 2014/76, S. 61.
34 Abverfügung zur Archivierung vom 30.9.1976, ebd., S. 62.
35 Vgl. Anklageschrift, Protokoll der Gerichtsverhandlung und Urteil, in: MfS AU 15933/77, S. 4–12. Zur Ausreise seiner Freundin vgl. den Karteikarteneintrag, in: ZAIG AK 2.

Sehnsucht (S. 93–111)

1 Äußerung des Besuchsbeauftragten der DDR, Dr. Müller, am 5.10.1988, zitiert nach: Kunze, Gerhard: Grenzerfahrungen. Kontakte und Verhandlungen zwischen dem Land Berlin und der DDR 1949–1989, Berlin 1999, S. 391 f.
2 Vgl. zu diesem Abschnitt MfS AU 7758/79, Bd. 1, S. 156 f. und 211–219.
3 Vgl. zu diesem und dem nachfolgenden Abschnitt seine eigenen Aussagen, ebd., S. 56–63, sowie den summarischen Ermittlungsbericht über die Aussagen der Nachbarn im Wohngebiet, ebd., S. 177–191.
4 Ebd., S. 155.
5 HA XXII 6137/2, S. 57.
6 Zum Grenzübertritt einschließlich aller Zitate vgl. MfS AU 7758/79, Bd. 1, S. 137–143.
7 http://www.stadtentwicklung.berlin.de/bauen/ueberbruecken/de/bild_03.shtml, 23.3.2009.

8 MfS AU 7758, Bd. 1, S. 155 f.
9 HA IX 18866, S. 361–364; weitere Auskünfte zu seinen Beweggründen finden sich in: MfS AU 7758/79, Bd. 1, S. 63.
10 Vgl. hierzu besonders MfS AU 7758/79, Bd. 1, S. 63.
11 Urteil vom 20.9.1974, ebd., S. 137–143.
12 Urteil vom 20.9.1974, ebd., S. 143.
13 Vgl. zum folgenden Abschnitt MfS HA IX 18866, S. 361–364.
14 Vgl. zu diesem und dem folgenden Abschnitt MfS AU 7758/79, Bd. 1, S. 155–157.
15 Vgl. MfS AU 7758/79, Bd. 1, S. 155–157 und 160 f.
16 Vgl. zum Freikauf HA IX 17877, S. 19, und MfS HA IX 13649, S. 7.
17 Vgl. MfS AU 7758/79, Bd. 1, S. 223 f.
18 Vgl. zu den folgenden fünf Abschnitten die Vernehmungsprotokolle, ebd., S. 230–252 und seine persönliche Niederschrift vom 29.3.1978, ebd., Bd. 3, 175–187.
19 MfS AU 7758/79, Bd. 1, S. 230 f.
20 Ebd., S. 240.
21 Ebd., Bd. 3, S. 186. Der neue Berufswunsch zur See zu fahren findet sich auch in den Vernehmungsprotokollen vom 6. und 13.1.1978, ebd., S. 129 und 132.
22 Vgl. zum Ablauf des Geschehens seine eigene Darstellung, ebd., S. 179 f. Hier finden sich auch die beiden längeren Zitate.
23 MfS HA XXII 6137/2, S. 49 f.
24 Vernehmungsprotokoll vom 5.1.1978, in: MfS AU 7758/79, Bd. 1, S. 225.
25 Urteil vom 20.6.1978, ebd., Bd. 4, S. 34–39.
26 Vgl. Kunze: Grenzerfahrungen, S. 389–392.
27 MfS Rechtsstelle 393, S. 275–277, zitiert nach: Kunze: Grenzerfahrungen, S. 391.
28 Vgl. den Aktenbestand DP 3 der Generalstaatsanwaltschaft der DDR im Bundesarchiv Lichterfelde, insbesondere die Bde. 2652, 2678, 2731, 2753, 2766, 2767 und 2772.
29 Vgl. MfS AU 7755/79, Bde. 1–5; zur Absicht, inhaftiert zu werden, vgl. MfS AU 7755/79, Bd. 1, S. 156.
30 Vgl. BA/MA GT 5803, Kerblochkarte vom 11.6.1975, und MfS AU 9687/76, passim.
31 Vgl. BA/MA GT 5801, Kerblochkarte vom 29.6.1974, und MfS HA IX 1781, S. 156–159.
32 Vgl. BA/MA GTÜ 9522 (rot), Kerblochkarte vom 9.3.1978, und MfS HA II 18816, unter vielen besonders S. 3 f.

33 MfS HA XXII 6137/2, S. 49 f.
34 Ebd., S. 60.
35 Ebd., S. 56–61.
36 Vgl. Treffbericht mit KP »Theo«, ebd., S. 86–92. Hier auch die Hinweise auf den Goldring und die Aufhebung der Transitsperre.
37 Vgl. zu seiner Zeit als Binnenschiffer und Steward sowie zu seinem letzten Versuch, einzureisen, ebd., S. 98–130.
38 Vgl. ebd., S. 117 und 130.

Verwirrung (S. 113–137)

1 Zusammenfassende Darstellung mehrerer versuchter Grenzübertritte von Eduard Still im Jahr 1986 vgl. MfS HA IX 14393, S. 312–321, und MfS HA IX 19265, S. 386 f.
2 Befragung und Brief des MfS an die Chefärztin der Psychiatrie des Klinikums Buch vom 26. 9. 1975, sowie deren Gutachten vom gleichen Tag, in: MfS AP 14086/75, S. 51–53, und MfS HA I 4225, S. 48–50. Das eingeschobene Zitat entstammt MfS AP 14086/75, S. 51.
3 Vgl. unter vielen MfS HA IX 14393, S. 330 f., oder auch MfS HA IX 14458, passim.
4 Vgl. Der Spiegel vom 11. 8. 1986, S. 54.
5 Schneider: Mauerspringer, S. 12.
6 MfS HA IX 14393, S. 388 f.
7 Vgl. Erstbericht vom 7. 9. 1988, in: MfS HA IX 14458, S. 282.
8 Vernehmungsprotokoll vom 18. 7. 1980, in: MfS AM 17924/80, S. 17–23. Hier auch das nachfolgende Zitat.
9 Vgl. Festnahmebericht vom 12. 9. 1972, in: MfS HA I 4225, S. 118, und die Registrierkarten der Grenztruppen vom 14. 6. 1973 und 24. 6. 1975, in: BA/MA GT 5798 und BA/MA GT 5803.
10 Vgl. Registrierkarte der Grenztruppen vom 23. 5. 1974, in: BA/MA GT 5801.
11 Für die folgenden Beispiele und Zitate vgl. Erstbericht vom 8. 9. 1988, in: MfS HA IX 14458, S. 276; Vorfeldbericht vom 5. 9. 1971, in: MfS HA I 4225, S. 167; Information des MfS vom 26. 6. 1975, in: MfS HA IX 1722, S. 10–12, und Erstbericht vom 23. 9. 1977, in: MfS HA I 13476, S. 42.
12 MfS HAI 13476, S. 42.
13 Information der HA IX vom 21. 5. 1979, in: MfS HA I 10324 1/2, S. 267–270. Für den Verdacht, dass »entspannungsfeindliche Kräfte« dahinterstecken, siehe auch MfS HA IX 16203, S. 39–42.

14 Anklageschrift vom 21.4.1977, in: Akten des Generalstaatsanwalts der DDR, BA/B DP3/2753 und MfS AU 10331/77, Bd. 2, S. 98.
15 Vgl. MfS ZAIG 4670, S. 145, worin zum wiederholten Male darauf hingewiesen wird, dass bei einem Mauersprung »10 Angehörige des Zolls und 2 Angehörige der Polizei anwesend waren«.
16 Ebd., S. 138.
17 Beide Unterhändler haben ihre jeweiligen Erinnerungen an die Konsultationen nach der Wende publiziert. Vgl. Mitdank, Joachim: Berlin zwischen Ost und West. Erinnerungen eines Diplomaten, Berlin 2004, und Kunze: Grenzerfahrungen. Zu den verschiedenen Kontaktebenen vgl. besonders letztere Publikation, S. 376 f.
18 Kunze: Grenzerfahrungen, S. 430–431, und MfS ZAIG 4670 S. 120. In Letzterem finden sich auch viele andere Vorbereitungslisten, so etwa S. 138–145 und 157 f.
19 Kunze: Grenzerfahrungen, S. 324.
20 Vgl. die grundlegende Erklärung des Regierenden Bürgermeisters von Berlin zur Aufgabe des Besuchsbeauftragten vom 19.2.1974, zitiert ebd., S. 367 f.
21 Ebd., S. 430.
22 Vgl. MfS HA IX 14458, passim.
23 Vgl. MfS HA IX 11457, S. 42.
24 Vgl. MfS HA IX 11458, S. 164.
25 MfS HA IX 14393, S. 38 f.
26 MfS HA IX 11457, S. 38–42.
27 Wenn nicht anders angegeben, sind alle nachfolgenden Zitate der Akte MfS HA IX 13993 passim entnommen, in der Arnold Kabes fünfte bis 19. Grenzverletzung dokumentiert ist. Besonders bedeutsame Zitate sind mit Seitenzahlen angegeben.
28 Karteikarte der Grenztruppen, in: BA/MA GT 5801.
29 MfS HA XXII 970, S. 1–12.
30 Vgl. HA IX 17877, S. 19 und 46–49.
31 Brief von Oskar Fischer an Honecker, Axen, Hoffmann und Mielke vom 6.10.1977, in: MfS HA IX 13993, S. 360 f.
32 Vgl. MfS HA IX 13993, S. 134–136, 161, 231 und 270 f.
33 Vgl. ebd., S. 136, 252 f. und 244.
34 Vgl. ebd., S. 252.
35 Ebd., S. 34.
36 MfS ZKG 14257, S. 1, den entsprechenden Eintrag in: www.chronik-der-mauer.de, 23.3.2009, und Grafe, Roman: Deutsche Gerechtigkeit. Prozesse gegen DDR-Grenzschützen und ihre Befehlsgeber, München 2004, S. 271.

Republikflucht (S. 139–159)

1 Aus dem Menü des Restaurants Vitrium, Dezember 2008. Die folgende Darstellung basiert im Wesentlichen auf zeitgenössischen Presseberichten, auf dem Dokumentarfilm »Kubat-Dreieck« (autofocus videowerkstatt e.V., Deutschland 1988), auf den veröffentlichten Erinnerungen des Sprechers der Besetzer und des Kreuzberger Aktivisten HG. Vgl: http://einestages.spiegel.de/static/authoralbumbackground/752/ueber_die_mauer_in_den_osten.html, 23.3.2009, und http://www.trend.infopartisan.net/trd0601/t150601.html, 23.3.2009, sowie auf den detaillierten Aufklärungsberichten der Staatssicherheit, in: MfS HA I 14319, passim.
2 Zum Gebietsaustausch vgl. Der Spiegel vom 28.3.1988.
3 Vgl. taz vom 7.6.1988.
4 Alle vom 22.6.1988, auch in: MfS ZOS 2677, S. 159f.
5 Vgl. B.Z. vom 2.7.1988.
6 Vgl. unter vielen Tagesspiegel vom 29.6.1988: Besetzer des Lenné-Dreiecks reden von Flucht über die Mauer.
7 Berliner Morgenpost vom 2.7.1988.
8 B.Z. vom 2.7.1988.
9 Der Spiegel vom 4.7.1988.
10 Der Spiegel vom 27.6.1988.
11 Die Welt vom 2.7.1988.
12 Zu diesem und dem folgenden Abschnitt vgl. Maßnahmeplan der Hauptabteilung I/GKM vom 29.6.1988, in: MfS HA I 14319, S. 103–106.
13 Zum Folgenden vgl. ebd., S. 69–71.
14 Zu den Versuchen der Kontaktaufnahme vgl. ebd., S. 31, MfS HA IX 17457, S. 24, MfS HA XXII 242/2, S. 28, und MfS HA XXII 1702, S. 168.
15 Vgl. http://www.youtube.com/watch?v=S0vGgvOUTc8, 23.3.2009. Hierbei handelt es sich um den Trailer des Dokumentarfilms der autofocus videowerkstatt e.V.
16 Zum Tränengasbeschuss und den offiziellen Protesten der Grenztruppen vgl. MfS ZOS 2077, S. 23f. und 58f., und HA I 14319, S. 57f. (hier auch die Antwort des West-Berliner Polizisten).
17 In der Akte des Zentralen Operativstabs zur Besetzung des Lenné-Dreiecks findet sich eine Zusammenfassung der »Reaktionen gegnerischer Kräfte auf die Zwischenfälle am Abend des 19.6.1988«, jedoch wird kein direkter Bezug hergestellt. Vgl. MfS ZOS 2677, S. 107–110.

18 Zum Anruf vgl. MfS ZOS 2677, S. 10. Die »Vorläufige Einschätzung« findet sich in: HA XXII 5127, S. 12 f.
19 MfS HA XXII 242/2, S. 30, 24.6.1988.
20 MfS ZOS 2677, S. 87–89.
21 Vgl. zu den U- und S-Bahn-Kontrollen MfS ZOS 2677, S. 83, zu Rückführung und Fahrkarten MfS HA XII 665/2, S. 85 f., und zur Zahl der Festnahmen B.Z. vom 2.6.1988.
22 MfS ZOS 2677, S. 12.

Aggression (S. 161–184)

1 Vgl. MfS ZAIG 3515, S. 14–17. Zum Gewicht des Hammers vgl. den Brief von John Runnings an seine Ehefrau vom 6.8.1986, dokumentiert in: Runnings, John: Facing Down the Military – A Test of the Efficacy of Gandhian Political Techniques Applied to Militarily Imposed Divisions, abrufbar unter http://www.armourtech.com/diduck/military.htm, 23.3.2009.
2 MfS HA I 14317, S. 2.
3 Flugblatt »West Ost über die Mauer«, in: MfS Sekretariat Neiber 128, S. 89.
4 Vgl. MfS Sekretariat Neiber 119, S. 1–12.
5 Das Flugblatt mit abgedrucktem Ticket findet sich in: ebd., S. 72 f., in deutscher Übersetzung S. 74–77.
6 Ebd., S. 31.
7 Die verschiedenen Einschätzungen und Vorschläge finden sich in: ebd. Der Maßnahmeplan selbst in: MfS ZKG 8425, S. 1–3.
8 Ebd. S. 2.
9 Vgl. zum folgenden Abschnitt MfS Sekretariat Neiber 119, S. 16 f. und S. 62.
10 Handschriftliche Einschätzung, ebd., S. 17.
11 Vgl. ebd., S. 61.
12 Zu Andreas Jost alias IM »Michael Heinrich« vgl. Der Spiegel vom 7.9.1981, S. 59, sowie Knabe, Hubertus: Der diskrete Charme der DDR. Stasi und Westmedien, Berlin 2001, S. 341 f.
13 Vgl. MfS Sekretariat Neiber 119, S. 13.
14 Vgl. seine eigene Darstellung in: MfS HA II 38999, S. 136.
15 Das Flugblatt »West Ost über die Mauer«, in: MfS Sekretariat Neiber 128, S. 88 f.
16 Vgl. MfS HA I 14317, S. 21–29.
17 Bericht von Fischer an Mielke vom 4.6.1986, in: MfS Sekretariat Neiber 120, S. 327 f.

18 Vgl. ZAIG 3515, S. 8–10.
19 Vgl. erneuter Bericht von Fischer an Mielke, in: MfS Sekretariat Neiber 120, S. 314–316.
20 Vgl. die Zusammenfassungen seiner Aktivitäten, in: MfS HA I 14317, S. 21–29, und in MfS HA I 3494, S. 2–8.
21 Vgl. ZAIG 3515, S. 14–17.
22 Abhörprotokolle vom 7. und 8.8.1986, in: MfS Sekretariat Neiber 120, S. 283 und 286 f.
23 Vgl. MfS ZAIG 3515. Die Einladung galt zunächst für den 1. und 2. November, für den 4. Oktober war nur ein Testlauf vorgesehen. Anfang November befand sich Runnings jedoch bereits in Haft.
24 Zu Folgendem vgl. ebd., S. 29–32. Fotodokumentationen finden sich in: MfS Sekretariat Neiber 120, S. 155–161 und 177–179.
25 Vgl. Fotos in: ebd., S. 122 f. und das Flugblatt auf S. 127.
26 Vgl. Brief von John Runnings an seine Ehefrau vom 7.10.1986, dokumentiert in Runnings: Facing Down the Military. Der Verweis auf die zweite Souveränitätsherausforderung findet sich in seinem Brief vom 9. November 1986.
27 ZAIG 3515, S. 33–38.
28 Vgl. Abhörprotokoll vom 30.10.1986, in: MfS Sekretariat Neiber 120, S. 74.
29 Vgl. für diesen und den nächsten Absatz ebd., S. 65.
30 Vgl. ebd., S. 57.
31 Ebd., S. 16.
32 John Runnings' Nachwort zu seinen Briefen, in: Runnings: Facing Down the Military.
33 Vgl. MfS HA XXII 623/2, S. 66.
34 Vgl. B.Z. vom 29.3.1989, ein Bild des Widderkopfes findet sich in der B.Z. 16.6.1989. Das zur Aktion gehörige Flugblatt von Runnings »One Berlin« findet sich in: MfS Sekretariat Neiber 128, S. 86 f.
35 Vgl. Bild-Zeitung vom 23.2.1987.
36 Zum folgenden Abschnitt vgl. MfS HA I 14317, S. 6–9, und den Maßnahmeplan vom 26.5.1989, in: MfS Sekretariat Neiber 128, S. 123–128.
37 Vgl. zur Beschlagnahme des Rammbocks HA XXII 623/2, S. 78 f. Zur Festnahme vgl. MfS Sekretariat Neiber 128, S. 30.

Abbildungsnachweis

Bundesarchiv Berlin: S. 186 (SAPMO-BArch DY 30/5223, S. 129)
Matthias Kupfernagel: S. 6, 26, 42, 58, 92, 112
Ullstein-Bilderdienst, Berlin: S. 12, 72, 160
Umbruch-Bildarchiv, Berlin: Umschlag
Metin Yilmaz (www.metinyilmaz.de): S. 138

Danksagung

Die Geschichten der Mauerspringer basieren auf personenbezogenen Akten, die von der Bundesbeauftragten für die Unterlagen des Staatssicherheitsdienstes der ehemaligen Deutschen Demokratischen Republik verwahrt werden, sowie auf den einschlägigen Aktensammlungen des Bundesarchivs in Freiburg, Koblenz und Berlin-Lichterfelde. Den Mitarbeitern aller Archive danke ich für die Unterstützung, die sie mir bei der Recherche gewährt haben.

Mein besonderer Dank gilt Udo Cürsgen. Er hat mir seine Geschichte selbst erzählt und mir damit die Augen für die schicksalhafte persönliche Bedeutung eines Mauersprungs geöffnet. Ich habe versucht, diese auch in allen anderen Fällen angemessen zu würdigen.

Am Zustandekommen des Buches haben viele Freunde und Kollegen Anteil gehabt. Liane Marz, Susan Neiman, Heike Roller, Peter Schaad, Andreas Schulz und Rüdiger Zill haben das Manuskript gelesen, kommentiert und erheblich verbessert. Dafür danke ich ihnen allen. Für ihre Hilfe bei den Recherchen danke ich Ulrike Findeklee, für seine Unterstützung bei der Bildauswahl Ulrich Krenz. Für Anregungen, Kritik und Aufmunterung danke ich Stephan Lahrem, der das Buchprojekt im Verlag betreut hat, und den Mitarbeitern des Christoph Links Verlages.

Zu danken habe ich schließlich noch Irene Schaarschmidt. Ohne ihre unermüdliche Recherchearbeit wäre das Buch nicht entstanden.

Zum Autor

Martin Schaad, Jahrgang 1968, Studium der Geschichte, Volkswirtschaft und Philosophie an der University of Stirling/Schottland; 1996 Promotion in Neuerer Geschichte am St. Antony's College, Oxford University, 2005 MBA an der Heriot-Watt University, Edinburgh. Seit 1998 Mitarbeiter des Einstein Forums in Potsdam; seit 2005 dessen stellvertretender Direktor. Publikationen u. a.: »Bullying Bonn: Anglo-German Diplomacy on European Integration, 1955–61« (2000) sowie diverse Aufsätze zu zeitgeschichtlichen Themen.